阅读的快乐，不在于读什么书，不在于读书的环境，
而在于阅读之后有什么可与别人分享

老板轻松管税务

全彩图解版

一本书让老板成为管税高手

资深财务专家 陈光◎著

人 民 邮 电 出 版 社
北 京

图书在版编目（CIP）数据

老板轻松管税务 ： 一本书让老板成为管税高手 ： 全彩图解版 / 陈光著. -- 北京 ： 人民邮电出版社，2014.6（2017.6重印）
ISBN 978-7-115-35326-9

Ⅰ. ①老… Ⅱ. ①陈… Ⅲ. ①企业管理－税收管理－中国 Ⅳ. ①F812.423

中国版本图书馆CIP数据核字(2014)第070800号

内 容 提 要

企业如何才能轻松、合理、合法地做好税务筹划？本书摒弃繁杂的专业术语，用浅显易懂的语言介绍企业税务知识及合理税务筹划的实用方法和技巧，同时选取实战案例，帮助老板加深对应用方法的理解。本书从常识入手，用案例说话，分析专业，概括精准，图文简洁，一看就懂，一学就会，一用就灵，帮助老板轻松搞懂税务知识，掌握税务管理的诀窍和技巧，为企业节约资金。本书适合老板及企业高管阅读。

◆ 著　　　　陈　光
责任编辑　寇佳音
责任印制　周昇亮
◆ 人民邮电出版社出版发行　　北京市丰台区成寿寺路 11 号
邮编　100164　　电子邮件　315@ptpress.com.cn
网址　http://www.ptpress.com.cn
北京瑞禾彩色印刷有限公司印刷
◆ 开本：690×970　1/16
印张：13　　　　2014 年 6 月第 1 版
字数：216 千字　　　　2017 年 6 月北京第 5 次印刷

定价：49.80 元（附光盘）

读者服务热线：（010）81055296　印装质量热线：（010）81055316
反盗版热线：（010）81055315
广告经营许可证：京东工商广登字 20170147 号

使用说明

本书是专门为老板量身打造的税务管理知识读本，全书共分为八章，每章四到六节，全面系统地介绍了企业税务管理方面的知识。为了能让老板由浅入深、简单明了地掌握税务管理的基本知识，同时也为了节省老板的宝贵时间，本书在内容上将专业知识简化、通俗化，让老板可以轻松阅读，看得懂，学得会，用得上，从

书名

节标题

每章都有几节，节标题揭示了该节要学习的知识。每一节都为老板揭示了一个知识要点。

引言

对将要学习的知识要点给予简明精要的说明，并对其重要性及其影响因素做说明。

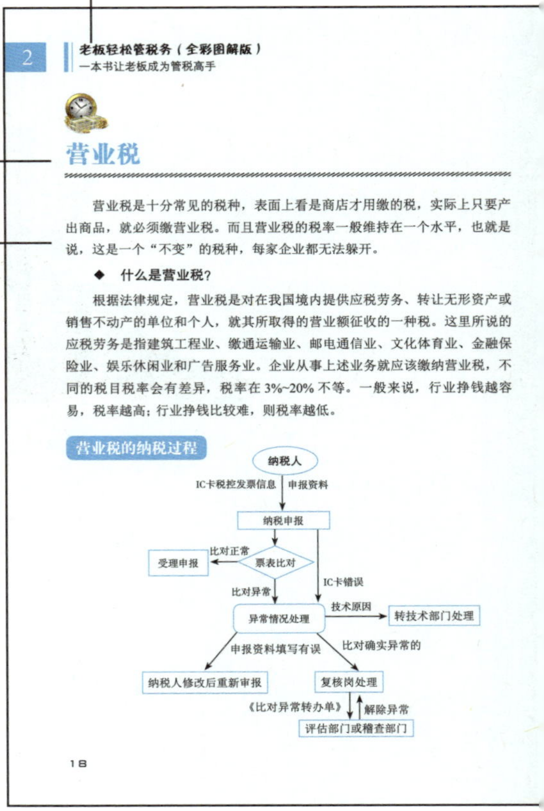

2 老板轻松管税务（全彩图解版）
一本书让老板成为管税高手

营业税

营业税是十分常见的税种，表面上看是商店才用缴的税，实际上只要产出商品，就必须缴营业税。而且营业税的税率一般维持在一个水平，也就是说，这是一个“不变”的税种，每家企业都无法躲开。

◆ 什么是营业税？

根据法律规定，营业税是对在我国境内提供应税劳务、转让无形资产或销售不动产的单位和个人，就其所取得的营业额征收的一种税。这里所说的应税劳务是指建筑工程业、缴通运输业、邮电通信业、文化体育业、金融保险业、娱乐休闲业和广告服务业。企业从事上述业务就应该缴纳营业税，不同的税目税率会有差异，税率在3%~20%不等。一般来说，行业挣钱越容易，税率越高；行业挣钱比较难，则税率越低。

营业税的纳税过程

18

而更好地对企业进行税务管理。

在版面设计上，本书采用简单、清楚的学习界面，配以四色图解来辅助解释复杂的概念，用浅显易懂的语言介绍企业税务知识及合理税务筹划的实用方法和技巧，通过简洁的图文，帮助老板轻松将税务知识搞明白，掌握税务管理的诀窍和技巧，为企业节约资金。

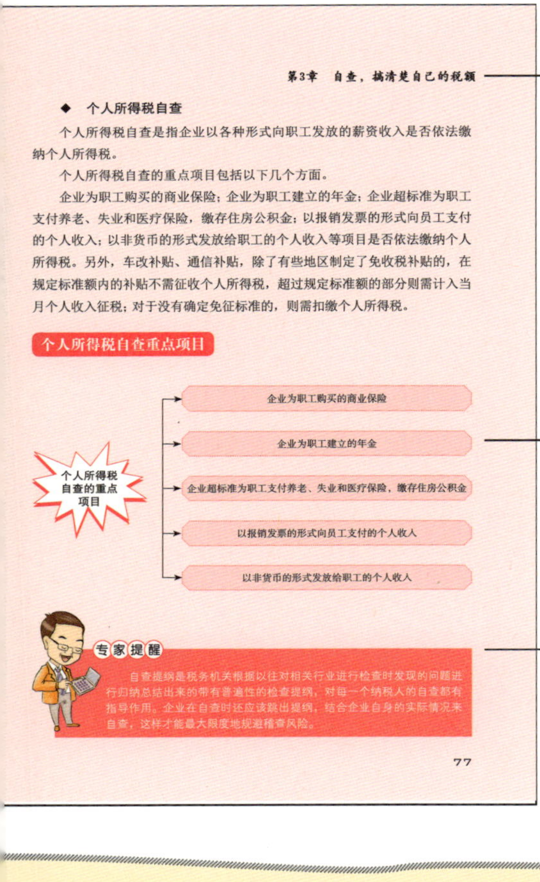

第3章　自查，搞清楚自己的税额

◆ 个人所得税自查

个人所得税自查是指企业以各种形式向职工发放的薪资收入是否依法缴纳个人所得税。

个人所得税自查的重点项目包括以下几个方面。

企业为职工购买的商业保险；企业为职工建立的年金；企业超标准为职工支付养老、失业和医疗保险，缴存住房公积金；以报销发票的形式向员工支付的个人收入；以非货币的形式发放给职工的个人收入等项目是否依法缴纳个人所得税。另外，车改补贴、通信补贴，除了有些地区制定了免收税补贴的，在规定标准额内的补贴不需征收个人所得税，超过规定标准额的部分则需计入当月个人收入征税；对于没有确定免征标准的，则需扣缴个人所得税。

个人所得税自查重点项目

专家提醒

自查提纲是税务机关根据以往对相关行业进行检查时发现的问题进行归纳总结出来的带有普遍性的检查提纲，对每一个纳税人的自查都有指导作用。企业在自查时还应该跳出提纲，结合企业自身的实际情况来自查，这样才能最大限度地规避稽查风险。

77

章名

提炼了老板在税务管理过程中所涉及的主要内容，每章讲述一个主题，由浅入深，循序渐进。

图解

为了让老板一目了然地理解书中的概念，本书运用逻辑拆解法将概念间的关系做成图表分析的形式。

专家提醒

对正文介绍的税务管理的相关工作中易出现的纰漏或者犯错的地方予以警示，提醒老板不要犯类似的错误。

目录

第1章 老板通税

第2章 到底要交什么税

第3章 自查，搞清楚自己的税额

第4章 税务筹划进行时

第5章 税务风险以及规避

第6章 税务稽查和应对

第7章 怎么和税务局打交道

第8章 税务疑难问题解析

不偷税，不漏税，坚决不纳冤枉税！

税收是一个国家运行的重要基础，国防、教育、医疗、公共交通的投入都要依靠税收，没了税，国家就寸步难行，不能维持。纳税光荣，同样，纳税也是每个老板的光荣义务，当然，也是权利，并不是每个人都有资格纳税的。

不过，税要交得明白，税也要交得合适。国家靠税收维持政府运行，同时也靠税收进行国家管理。国家收了多少税，收了什么税，要有这样的信息，政府才能更好地进行宏观调控，该增的增，该减的减，扶植新兴产业，淘汰落后产能，促进国家经济结构的改善。偷税漏税，肯定不应该，而且违法。但纳糊涂税也不是一个合格老板的表现。

第一，多交税款，肯定增加自己企业的负担，降低了自己企业的竞争力，使得在同等条件下自己企业无法竞争过其他同行，从而导致自己企业在竞争中落后，甚至被淘汰出局，这样，连自己企业的维持都成困难，多交税款又是为哪般？

第二，多交税款，纳糊涂税，会导致政府在管理时信息失真，明明落后的企业，你要多交税，或乱交税，使得政府管理部门以为这是成熟的甚至先进的企业，不仅害了自己，也害了同行。

因此，老板懂点税务常识，很重要。合理纳税，从小了说，可以帮助企业发展壮大；从大了说，也是为国家的稳定和谐做出自己应有的贡献。

第1章

老板通税

说不偷税，也不逃税，更不缴过头税、糊涂税、冤枉税，听着容易，但如何做到这点，老板首先必须明白税收的基本常识，才能在日常的企业工作中，做到有效应对。

本章教你：

- 不要心存侥幸，税收风暴谁都难躲
- 为什么税务局找上他的门
- 如何进行税收管理
- 如何做好企业税务规划

税务稽查，谁也躲不开

自金盾系统上线以来，税务部门的执法水平有了很大的提高。有些人，心存侥幸，以为一时没有查到自己头上，就觉得万事大吉，这种鸵鸟心态，真是要不得。现在网络发达，信息处理速度加快，税务管理部门更有效率，以前纸质化的时候，还有可能蒙混过关，现在联网信息，只要账目不对，信息中心立即知晓，然后稽查队伍马上上门，那老板付出的代价，可比漏税那点收益大多了。不划算，绝对不划算，做生意的人，很容易算清楚这笔账。

老话说得好，亏本的买卖没人做。应付检查的成本，补缴税款的成本，还有罚款的成本，自不必说，搞不好，还会责令整顿，歇业，一通下来，一定得不偿失。

雷区

非常时期，权宜行事。其实自从2008年全球经济低迷之时，全世界都在查税。有财政压力的不仅仅是中国，欧美发达国家为刺激经济的投入让他们也急于解决财政收入问题。其实税负高不是什么问题，挪威的高税负是全世界出了名的，但挪威人或者挪威企业总会很自觉地交税，因为逃税的成本实在太重。而当重罚内化成道德文化后，即使没有这种猫捉老鼠式的“警匪游戏”，挪威人也很自觉地交重税。因为税负高已经变成在挪威生活或做生意的背景音。

为什么税务局找上他的门？

刘老板，以前做小五金生意，一种螺丝都能卖很多钱，生意做得很红火，租了四个店面。可是突然一天，税务局的车停在了他的门前。刘老板每天现金流水很多，不知不觉中，对资金的进出就疏于管理，他缴的税也是随意为之，成了一笔糊涂账，但进货方是正规厂商，因此，税务部门在税收稽查中发现，刘老板的应纳税额和实际缴纳税额远不相符。经过调查取证，税务局找上门了，在证据面前，刘老板不仅缴纳了应缴的税款，而且还缴了一笔不菲的罚金。因为是初犯，没有涉及刑事处分，但这对刘老板的教训已经很深刻了。

现代经济社会中，每家企业都不是孤立的。进出往来，你没有账目，不等于别人没有账目，你偷漏税款，最后还是要查到你；同样，如果你账目不清，多缴了糊涂税，那受损失的一定是你自己。

雷区

税收是我们为文明社会提供的支持。税收的作用具体表现为能够体现公平税负，促进平等竞争；调节经济总量，保持经济稳定；体现产业政策，促进结构调整；合理调节分配，促进共同富裕；维护国家权益，促进对外开放等。当享受国家提供的服务时，接受服务的对象应该付出一定的代价。以车船税为例，最早对私人拥有的车辆和舟船征税是在汉代初年。符合税法规定的条件的纳税人应该依法缴纳税款。

税务管理

税务管理是指税务机关依据国家税收政策和法规实施的税款征收、税务制度制定和税收规划等工作，以保证税收职能得以实现的一种管理活动。

税务管理的目标主要有以下几个方面：进一步深化税收制度改革和完善税收政策，提高纳税征收管理的质量，加强税收宣传以提高纳税人的纳税意识，加快税改步伐等。

税务机关进行税务管理的目标

进一步深化税收制度改革和完善税收政策

提高纳税征收管理的质量

加强税收宣传以提高纳税人的纳税意识

加快税改步伐

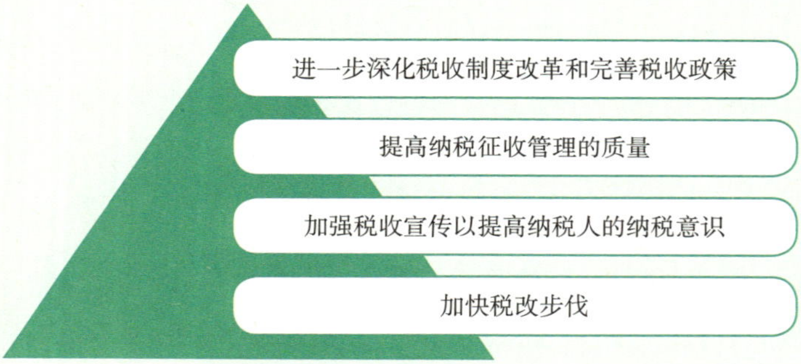

◆ 税务管理的内容

税务管理的内容包括：税务制度管理、税务征收管理、税收计划和统计管理、机构和干部管理。

税务管理的内容

税务制度管理

税务征收管理

税收计划和统计管理

机构和干部管理

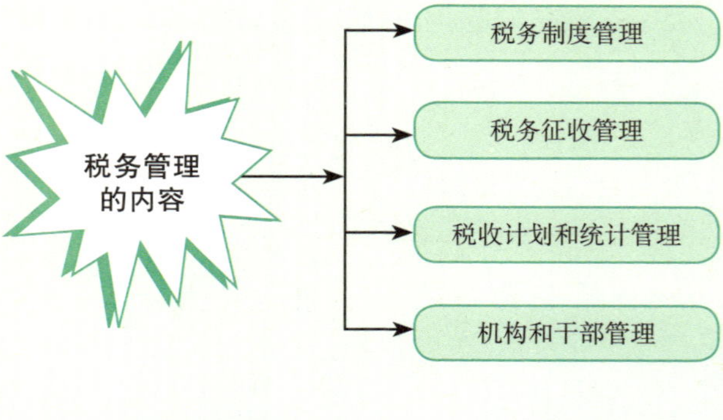

税务制度管理

依照国家经济体制改革的目标，建立和完善社会主义税收体系，健全税收法制和各项管理制度，强化税收组织收入和宏观调控功能，逐步理顺国家、企业和个人之间的分配关系。同时要制定和贯彻执行税收管理体制，正确处理中央与地方税收管理的权限，充分调动中央和各级地方政府管理税收的积极性。

税务征收管理

包括税收的宣传，税收的征收、管理、检查，税收的促产等。科学严密的征收管理，是税务管理的中心环节。通过大量的日常征收管理工作，贯彻执行国家税收政策法令；有效地集中分散在各个方面、各个环节的税收，及时足额地纳入国库；发挥税收调节生产、调节分配、调节消费的职能作用；实现帮助企业加强经济核算、提高经济效益、促产增收工作。

税收计划和税收统计管理

税收核算和监督，是税收工作实现科学管理的重要途径。通过计划、会计、统计管理，分析预测税源和税收的发展趋势，为组织收入工作提出明确目标，促进税务管理，增强预见性，减少盲目性，调动各级税务机关和全体税务干部的积极性。

机构和干部管理

健全税务专业管理机构，完善税务机构、干部管理体制，培养和造就一支政治、业务素质高的税务干部队伍，这是加强税务管理的组织保证。税务机构分散点多、面广，税务干部经常同钱财打交道，手中握有一定权力，又往往是独立进行工作，加强税务机关的思想政治工作和廉政建设至关重要。

◆　**税务管理的法律规定**

1.《中华人民共和国税收征收管理法》第六十三条规定，纳税人伪造、变造、隐匿、擅自销毁账簿、记账凭证，或者在账簿上多列支出或者不列、少列收入，或者经税务机关通知申报而拒不申报，或者进行虚假的纳税申报，不缴或者少缴应纳税款的，是偷税。对纳税人偷税的，由税务机关追缴其不缴或者少缴的税款、滞纳金，并处不缴或者少缴的税款百分之五十以上五倍以下的罚款；构成犯罪的，依法追究刑事责任。

扣缴义务人采取前款所列手段，不缴或者少缴已扣、已收税款，由税务机关追缴其不缴或者少缴的税款、滞纳金，并处不缴或者少缴的税款百分之五十以上五倍以下的罚款；构成犯罪的，依法追究刑事责任。

2.《中华人民共和国税收征收管理法》第六十四条规定，纳税人、扣缴义务人编造虚假计税依据的，由税务机关责令限期改正，并处五万元以下的罚款。

纳税人不进行纳税申报，不缴或者少缴应纳税款的，由税务机关追缴其不缴或者少缴的税款、滞纳金，并处不缴或者少缴的税款百分之五十以上五倍以下的罚款。

◆ 偷税罪

偷税罪是偷税情节严重的行为。据刑法规定，扣缴义务人采取偷税手段，不缴或者少缴已扣、已收税款数额占应缴税额 10% 以上且超过一万元的，依照偷税罪处罚。偷税罪的主体包括纳税人和扣缴义务人，含自然人和单位。

偷税情节严重是指：其一，偷税数额较大，即偷税的数额占应缴税数额的 10% 以上且超过一万元。在计算偷税数额时，应注意对行为人未经处理的

雷区

广州的美京酒家是一个知名的餐饮企业，以招牌菜烧鹅闻名。美京酒家在广州有两家分店，在北京有三家分店。在经营最红火的时候，广州美京酒家突然贴出公告称：多年来，各位供货商提供给美京酒家的销售发票，经税务机关查出，有近 5000 万元为假发票。税务机关对美京酒家作出 500 多万元的税务罚款处理，美京酒家无法承受，加上市场竞争激烈，亏损严重，负债累累，万不得已将全部分店同时停止营业。一次税务检查就让一家知名企业倒下，企业为何如此脆弱？在美京酒家案中，违背税务法规、提供假发票的是供应商，承担开具虚假发票责任的应该是供应商，美京酒家由于自身内部税务管理松懈，缺少对虚假发票的警惕性和识别能力，接受了对方提供的虚假发票。根据税法规定：虚假发票不能作为列支成本费用的依据，美京酒家需要承担相应的责任。如何保护我们辛勤经营的成果？如何避免美京酒家的悲剧再次重演？修补企业税务管理的短板，提升企业税务筹划和管理能力是治本之道。

偷税行为，要累计计算其偷税额；其二，曾因偷税被税务机关给予二次行政处罚又偷税。这说明行为人明知故犯，主观恶意较大。偷税情节是否严重是区分偷税罪和一般偷税行为的关键。

偷税罪的处罚。依据《中华人民共和国刑法》第二百零一条规定，犯偷税罪，偷税数额占应缴税额的10%以上不满30%，且偷税数额在一万元以上不满十万元，或者偷税被税务机关给予二次行政处罚又偷税的，处三年以下有期徒刑或者拘役，并处以偷税数额一倍以上五倍以下罚金；偷税数额占应缴税额的30%以上且超过十万元，处三年以上七年以下有期徒刑，并处偷税数额一倍以上五倍以下罚金。单位犯偷税罪的，对单位判处罚金，并对其直接负责的主管人员和其他直接责任人员依照自然人犯偷税罪处罚。

◆　税务管理原则

依法治税的原则

税收是以法律为依据进行的特殊分配，一征一免，征多征少，既体现国家政策，又关系到生产发展和人民群众的切身利益，坚持依法治税，是税收管理全过程应遵循的原则。

从经济到税收的原则

税收同经济息息相关，经济决定税收，税收又反作用于经济。制定税收制度和税收政策、法规，要有利于社会主义市场经济的发展；在税收管理工作中，要面向生产、关心生产，在促进生产发展的基础上增加税收收入。

统一领导、分级管理的原则

税收具有涉及面广、政策性强的特点，税收管理具有较大的集中统一性。要统一税法，集中税权，强化税收管理。税务机构实行上级税务机关与同级政府双重领导，以上级税务机关领导为主的管理体制。同时又要注意发挥中央和地方两方面的积极性，给地方一定的管理权，以便因地制宜处理税收问题。

政策与任务一致的原则

正确处理执行税收政策与完成收入任务的关系，坚持依法办事，依率计征，在正确执行税收政策的前提下，促产增收，努力完成税收计划任务。

专业管理与群众管理相结合的原则

社会主义税收的特点是“取之于民，用之于民”，税务机关同纳税人在根本利益上是一致的。在加强专业税收管理的同时，要发动群众参加税收管理。加强税收宣传，提高群众依法纳税的自觉性，依靠群众协税护税，把税务管理建立在可靠的群众基础之上。

◆ 税务管理的任务

根据有关法律制度的规定，税务管理的任务有以下几点：

执行税收政策法规，贯彻税收管理体制的规定，掌握税源变化，提出一定时期税收收入目标，组织税收活动正常进行。

坚持依法治税，监督纳税人依法履行纳税义务，正确处理国家同企业和个人的分配关系，保证完成组织收入任务。

充分发挥税收杠杆作用，促进国民经济持续、稳定、协调发展。

专家提醒

企业税务管理是现代企业财务管理的重要内容，其主要内涵是指企业对其涉税业务和纳税实务所实施的研究和分析、计划和筹划、处理和监控、协调和沟通、预测和报告的全过程的管理行为。

企业做好税务管理，才能平安无事

在企业的经营管理过程中，税务管理是十分重要的管理内容。企业经营的目的是为了实现利润最大化。企业要获得最大利润，首先就要减少成本费用的支出。因此，企业要在成本费用方面着手进行筹划。对于企业来说，税负是比较固定且较大的支出，而事先通过税务筹划，可以合理安排企业经营过程中各个阶段的财务活动，使企业降低经营成本，提高税后利润，增强企业自身的实力，促进企业的发展。

企业进行税务筹划是在不违反国家税法法规的前提下进行的。合理的税务筹划使企业可以充分享受到相关法律规定中的税收优惠政策，减少纳税额或递延纳税期，以实现成本最小化、利润最大化的经营目标。所以做好税务管理对企业来说非常重要。

◆ 企业税务管理的作用

随着社会的发展，为满足国家财政需要，税收不可避免地要逐年增加。企业必须将税收当作其经营的必要支出，并通过加强税务管理，获得最大限度的税后利润。

税务管理有助于企业降低税收成本，提高企业老板和财务人员的纳税认知，从而提升企业财务管理质量，合理配置企业资源。

税务管理的作用

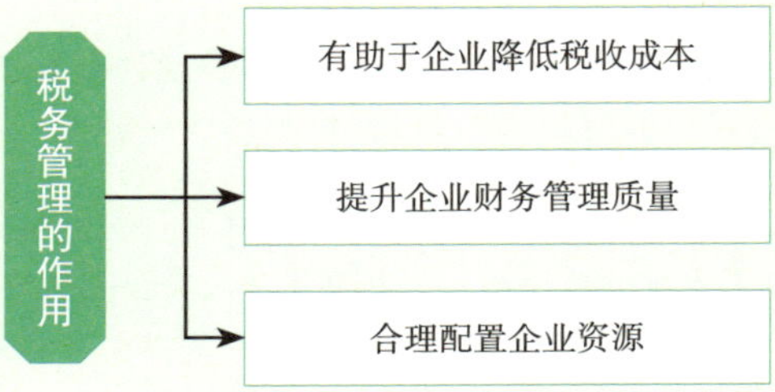

企业的税收成本主要是指依法应缴纳的各种税款，以及因涉税行为中因不及时或不正确而应缴纳的罚款或滞纳金。尤其是对于经营范围比较广，税种界定比较模糊的，如生产又兼销售的，需要缴纳增值税但同时也需缴纳营业税的企业来说，更是给企业增加了一定程度的税务风险。因此，企业加强税务管理不仅可以免受税收罚款，还可以节约企业的税收成本。

帮助提高企业财务管理质量

企业实施税务管理的过程，就是在提高企业财务人员与老板的纳税意识和认知，从而提高企业的财务管理质量。每个地区的税收规定都有所差别，税务处理的方式也不尽相同。因此，在着手税务管理前，企业财务人员与老板应充分了解当地的税收政策和税收制度，以达到增强企业税务管理、降低企业税负成本的目标。

帮助企业合理配置资源

企业在进行投资、筹资或技术改造时，可以充分利用相关法律规定的各项税收鼓励政策、优惠政策以及税种的差率进行合理筹划。如销售高新技术产品的国家会返还一定的税额；投资技术改造可以享受最大程度的税收优惠；购买国内生产的大型设备可免一定的新增所得税等。企业可根据以上类型的优惠政策合理调整企业内部资源的配置，从而增强企业的竞争力。

◆ 加强企业税务管理的几点建议

遵守税法原则

企业在加强税务管理时应对国家税法的相关规定有所了解，遵纪守法，确定所涉及的范围合法、合理是税务管理的前提。否则容易因疏忽而导致税务管理行为变成偷税、逃税等违法行为。

设置专门机构和人员

设置专门的管理机构和专业人员，对企业的纳税行为进行统一管理、筹

知识拓展

在国外，纳税人为有效减轻税收负担，都对税务管理加以研究，专门聘请税务顾问研究税收政策和征管制度的各项规定，利用优惠政策，达到节税的目的。在我国，随着市场经济体制的建立，企业之间竞争日趋激烈，因此，加强企业税务管理工作显现出其重要意义。

划，减少不必要的浪费和损失。专业人员对国家税法法规的理解能够帮助企业合理运用各项优惠政策，使企业的生产经营成果更显著。

做好预测和协调工作

企业经营活动的内容或性质不同，征税部门所用的计算税率也不同。因此，企业在进行涉税业务之前，应与各个税务部门做好协调工作，合理进行各项涉税业务筹划，并选择最好的纳税方案。如果筹划是在涉税业务发生之后进行，则有可能演变为偷税、漏税等违法行为。这既影响企业的声誉，也会给企业造成一定的经济损失。

利用社会中介机构，争取税务部门帮助

寻求中介机构和税务机关的帮助，是主要通过聘请或咨询税务师事务所、会计师事务所等机构的专业人员为企业提供税务代理咨询，以提高企业的税务管理水平。还要与税务部门充分沟通和协调好关系，争取在税务方面或优惠政策方面得到帮助，从而充分运用适合企业的优惠政策。

◆　加强企业税务管理的主要方法

企业进行税务管理的目标是为了实现税务筹划。税务筹划即在国家法律规定的范围内，合理地选择企业经营活动的方式，以税负最低为最终目标。企业进行税务筹划，应在经营、筹资、投资等活动时，结合企业实际情况，以合理、合法的形式对资金进行筹划和运用。

企业加强税务管理，一是应遵守税法原则；二是设置专门机构和人员；三是做好预测和协调工作；四是向中介机构、税务部门寻求帮助。

加强税务管理的主要方法

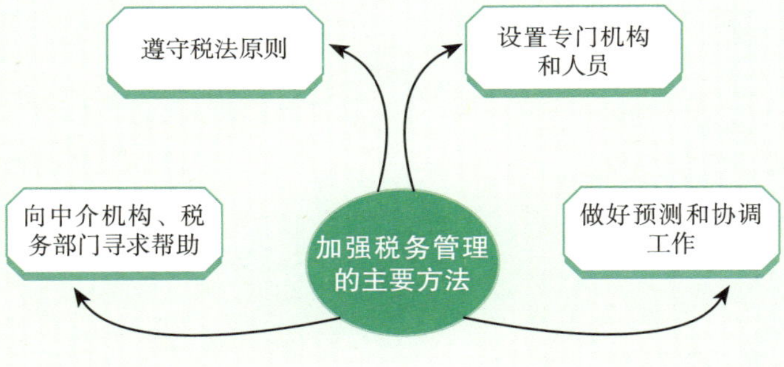

快速提升税务管理水平的有效途径

内部资源的获取

- 加强对财务团队税务专业能力的培养
- 考虑由财务团队更深入地参与到业务流程当中
- 考虑由专人（不一定需要全职）负责较为宏观的税务管理事项

外部资源的获取

- 充分利用税务机关的公开信息资源，例如北京地税、江苏国税的法规数据库
- 考虑适当对税务资讯进行投资
- 参与专业服务交流，寻求潜在的税务优化机遇

成功的企业税务管理

自己动手，管理税务

企业，尤其是中小企业，会计和财务的工作都是很大一块。

中小企业的会计和财务工作，除了专门聘用会计和财务外，可以外包给会计公司和财务公司。但是，对中小企业而言，专门的会计和财务成本始终是很大的一块，尤其在竞争激烈的今天，利润本来就被摊薄，人力成本不断上升，这就需要老板尽可能自己动手，税务管理就是老板力所能及的工作。这样一来，一是可以降低成本，提高利润；二是可以通过账目管理，了解公司运行，以便更好地做决策。

老板自己管税务的好处

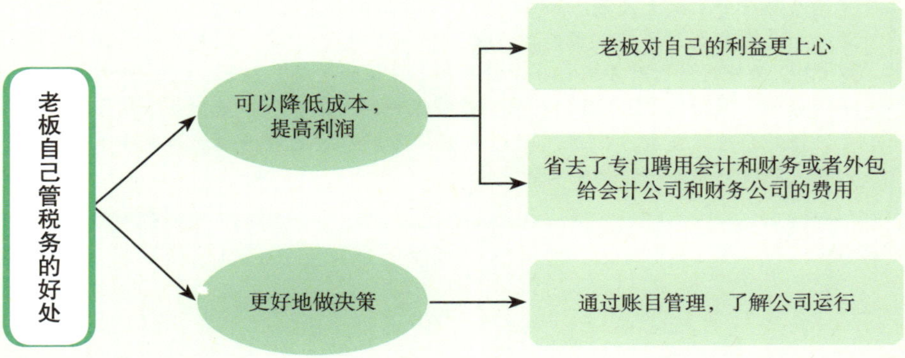

但是，相对而言，老板管税务也存在一定的弊端。如果老板不懂税务管理，就容易出现两种情况：一是多报了税款，反而增加了成本，降低了利润；二是少报了税款，形成了事实上的偷税漏税，给企业带来麻烦。因此，老板自己动手管理税务，前提是老板有足够的税务管理知识，能够胜任会计和财务的工作。

不懂税务的老板管税务的两种可能结果

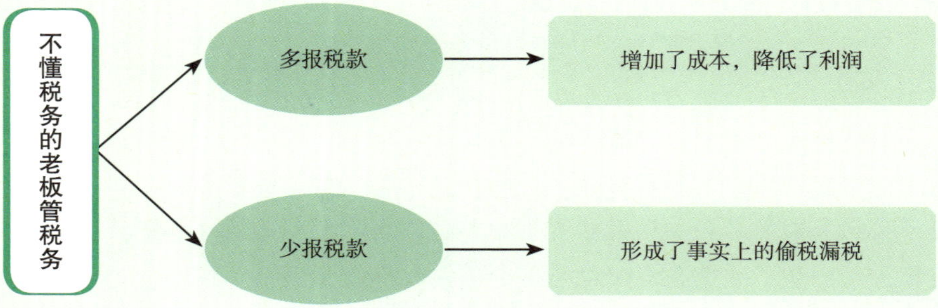
不懂税务的老板管税务
多报税款
增加了成本，降低了利润
少报税款
形成了事实上的偷税漏税

雷区

很多CEO总觉得，CFO（首席财务官）经常以财务制度作为挡箭牌，总是告诉CEO因为税务局或财政局的某某规定而不能做什么，而事实上其实有很多事情与制度并无太大关系。而了解一个财务结果是怎么得出来的，对CEO来讲是一个非常重大的事情，最终对方案签字认可的是CEO，他是第一责任人，所以CEO必须对任何财务报告和方案有一个详细的了解。当然，CFO对财务报表进行分析，阐述给CEO听的时候，能够做到深入浅出，尽量把复杂的东西简单化，讲清楚也很重要。但是，CEO也必须了解一定的理论知识和财务术语，否则很可能被一些专业的财务术语蒙骗。

纳税是每个公民的义务

《中华人民共和国宪法》第五十六条规定："中华人民共和国公民有依照法律纳税的义务。"

谈到公民的纳税义务并不是唱高调，而是纳税是无法逃避的事情。既然纳税无法逃避，那么就应该树立起"纳税人"意识，弄清楚自己应该缴哪些税、多少税，而不是当一个稀里糊涂的纳税公民。

◆　**纳税人**

纳税人是税法上规定的直接负有纳税义务的单位和个人。

在这个定义中，有三层意思必须掌握：

第一，"税法规定"，凡是税法规定范围内的才是税，税法规定之外的就不是税。

第二，"直接负有纳税义务"，直接纳税的才是纳税人，间接纳税的就不能算是纳税人。

第三，"单位和个人"，也就是说，纳税人可以是法人，也可以是自然人。

纳税人

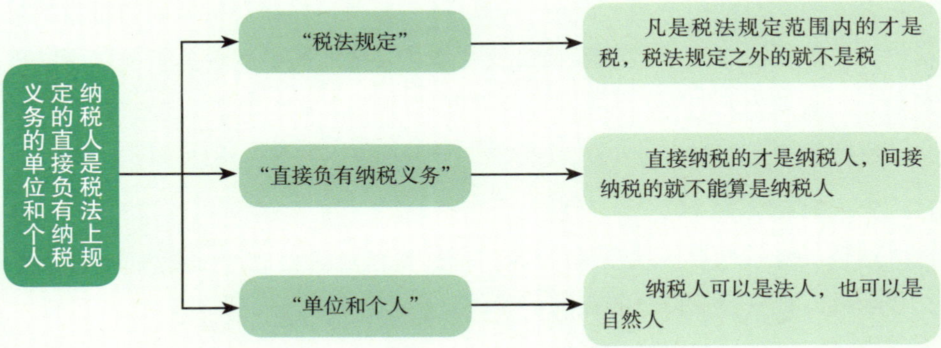

◆ 纳税义务不可转让

某企业将自有房产出租给某个体老板经营餐饮，双方合同约定每年租金20万元后，房产税由个体老板代缴。该企业收到20万元租赁收入后，只缴纳了营业税等税，但未按规定缴纳房产税2.4万元。税务机关发现后对该企业补征了房产税2.4万元，并给予了1.2万元的行政处罚。

该企业感觉有点冤，认为在与承租方签订租赁合同中，约定房产税由承租方缴纳，个体老板才是房产税的纳税人，而自己已不是房产税的纳税义务人，所以不该为这笔房产税承担责任。

税务机关认为，本案涉及纳税人的确定问题。《中华人民共和国房产税暂行条例》第二、第三条明确规定：房产税由产权所有人缴纳；对于房产出租的，以房产租金收入作为房产税的计税依据。在本案中，出租方企业拥有房产的产权，按税收法律法规是房产税的纳税人，房产承租人不拥有房产产权，法律法规没有规定其负有房产税的纳税义务，因此，承租人不是房产税的纳税人。

另外，根据《中华人民共和国合同法》第五十二条规定：违反法律和行政强制规定的合同无效。税收法律法规规定了房产产权所有人为房产税的纳税人，而本案中合同的双方约定转让房产税的纳税义务，合同违法了税收法律法规，所以合同中关于纳税义务转让的条款无效。

税务机关在税收稽查中，经常遇到纳税人以合同的方式约定转让纳税义务的情况。多数情况下，都是受让纳税义务的一方希望少负担费用而答应代替缴税的，但一般情况下不会按合同约定缴纳税收，本案中的个体老板也没有按合同约定缴纳房产税。即使受让纳税义务的一方真的按合同约定缴纳了税收，按照税法规定，只能算其误缴税款。误缴纳的税款税务机关按税法规定退还，而真正的纳税人仍要承担不缴纳税收的法律责任。

本案说明，纳税义务不能通过合同转让，转让纳税义务的合同无效。

◆ 纳税人意识

纳税人意识包括两方面的内容，一是依法纳税是每个公民应尽的义务；二是纳税人有权行使自己的权利。

第2章

到底要交什么税

到目前为止，中国的税种已经有四大类20多种。

拿出一张税单，上面密密麻麻地写着各种各样的税种，让人眼花缭乱。其实很简单，税收虽然名堂多，但主要就是那么几种，搞清楚缴纳每个税种的目的和意义，就知道自己的企业该交哪些税，税单看起来就没那么复杂了。

本章教你：

- 企业主要交什么税
- 哪些税你不用交
- 如此多的税种，有什么注意事项
- 每个税种该怎么对待

营业税

营业税是十分常见的税种，表面上看是商店才用缴的税，实际上只要产出商品，就必须缴营业税。而且营业税的税率一般维持在一个水平，也就是说，这是一个“不变”的税种，每家企业都无法躲开。

◆ **什么是营业税？**

根据法律规定，营业税是对在我国境内提供应税劳务、转让无形资产或销售不动产的单位和个人，就其所取得的营业额征收的一种税。这里所说的应税劳务是指建筑工程业、缴通运输业、邮电通信业、文化体育业、金融保险业、娱乐休闲业和广告服务业。企业从事上述业务就应该缴纳营业税，不同的税目税率会有差异，税率在3%~20%不等。一般来说，行业挣钱越容易，税率越高；行业挣钱比较难，则税率越低。

营业税的纳税过程

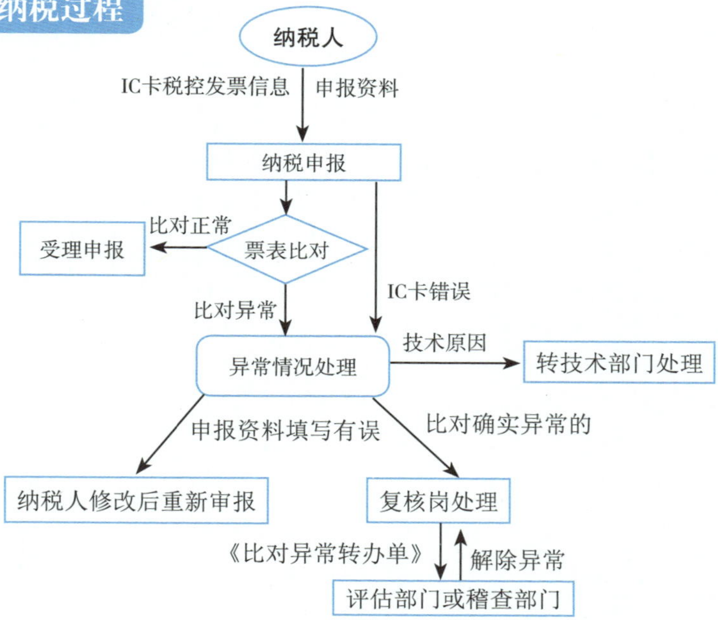

◆　哪种老板该缴营业税？

营业税的征税范围可以概括为：在中华人民共和国境内提供的应税劳务、转让无形资产和销售不动产。

对营业税的征税范围可以从下面三个方面来理解：

第一，在中华人民共和国境内是指：

（1）提供或者接受应税劳务的单位或者个人在境内；

（2）所转让的无形资产（不含土地使用权）的接受单位或个人在境内；

（3）所转让或者出租土地使用权的土地在境内；

（4）所销售或出租的不动产在境内。

第二，应税劳务是指属于交通运输业、建筑工程业、金融保险业、邮电通信业、文化体育业、娱乐休闲业、广告服务业税目征收范围的劳务。加工、修理修配劳务属于增值税范围，不属于营业税应税劳务。单位或者个体经营者应聘的员工为本单位或者雇主提供的劳务，也不属于营业税的应税劳务。

第三，提供应税劳务、转让无形资产或者销售不动产是指有偿提供应税劳务、有偿转让无形资产、有偿销售不动产的行为。有偿是指通过提供、转让、销售行为取得货币、货物或者其他经济利益。

营业税的征收范围

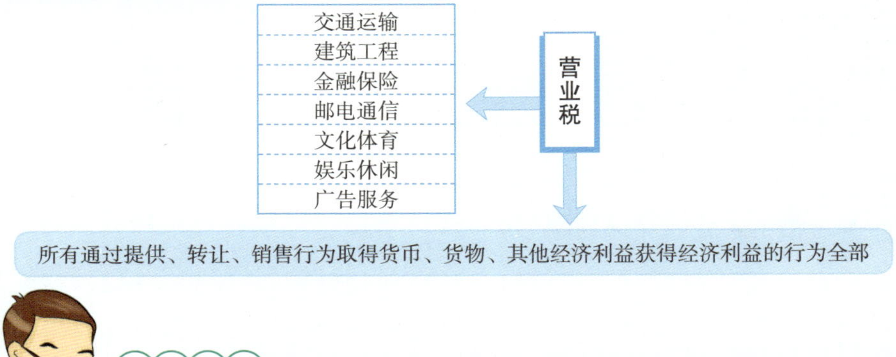

专家提醒

现行营业税征收依据是《1993 年 12 月 13 日中华人民共和国国务院令第 136 号》发布于 2008 年 11 月 5 日，国务院第 34 次常务会议修订通过的这条法律。

◆ 营业税的征收

我国实行统一征税，所以不存在营业税这种全国性税种不同税率的情况，只要从国家发布的税目税率表格上找到自己行业的税率，就可以轻松计算税额。如果不确定自己的营业范围，可以从工商局的营业执照中确定。

公式

营业税应纳税额＝计税营业额×适用税率

案例：某旅游公司2005年2月取得旅游经营收入200万元，支付其他旅游企业接团费15万元，替旅游者支付餐费20万元，住宿费25万元，门票费20万元，交通费60万元，为旅游者购买赠品支付5万元。

该单位计税营业额=全部收入－税法规定允许扣除项目＝200－（15＋20＋25＋20+60）＝60（万元）

该单位营业税应纳税额=计税营业额×适应税率＝60×5%=3（万元）

专家提醒

当公司规模小的时候，可以采取个人经营方式来合理筹划营业税。因为营业税向个人征收的时候，有一个起征点。它的条件是每月营业额为 1000~5000 元，每日 100 元以上才征税。也就是说，处理好账目，将个人工资项提高，可以少缴营业税。

◆ 缴纳营业税常见问题

首先是纳税地点，不要进错税务局的门。按照营业税有关规定，纳税人申报缴纳营业税税款的地点。一般是纳税人应税劳务的发生地、土地和不动产的所在地。具体规定为：

1. 纳税人提供应税劳务，应向劳务发生地的主管税务机关申报缴税；纳税人提供的应税劳务发生在外县（市）的，应向劳务发生地主管税务机关申报纳税而未申报的，由其机构所在地或居住地主管税务机关补征。自 2009 年起，营业税纳税人提供应税劳务的纳税地点按劳务发生地原则确定调整为按机构所在地或者居住地原则确定。这一规定可以解决在实际执行中一些应税劳务的发生地难以确定的问题。

2. 纳税人从事运输业务，应当向其机构所在地主管税务机关申报纳税。但中央铁路运营业收入的纳税地点在铁道部机构所在地。

3. 纳税人承包的工程跨省（自治区、直辖市）的，向其机构所在地税务机关申报纳税。

4. 纳税人转让土地使用权或者销售不动产，应当向该土地或不动产的所在地税务机关申报纳税。

5. 纳税人转让除土地使用权以外的其他无形资产，应当向其机构所在地税务机关纳税。

6. 代扣代缴营业税的地点为扣缴义务人机构所在地。

其次是纳税时间，不能等税务局找上门来才缴税。营业税缴纳时间不确定：纳税人转让土地使用权或者销售不动产，采用预收款方式的，其纳税义务发生时间为收到预收款的当天；自建行为的纳税义务发生时间，为纳税人销售自建建筑物并收讫营业额或者取得索取营业额凭据的当天；纳税人将不动产无偿赠予他人的，其纳税义务发生时间为不动产所有权发生转移的当天。

在营业税缴纳的过程中，纳税主体包含纳税义务人和扣缴义务人。纳税义务人根据营业税有关规定负有代扣代缴营业税义务。在现实生活中，有些具体情况难以确定纳税人，因此《税法》规定了扣缴义务人。

知识拓展

营业税的历史

我国的营业税主要是工商业税，征收的历史比农业税晚，而且根据国家政策不同，税率变动很大，周代时征收商贾虞衡，汉代时征收算缗钱，明代则规定需缴纳市肆门摊税，清代征收当税、屠宰税。至于商业最发达的宋代，营业税征收的范围之广、规定之细，和现在通行的国际标准相比，毫不逊色。

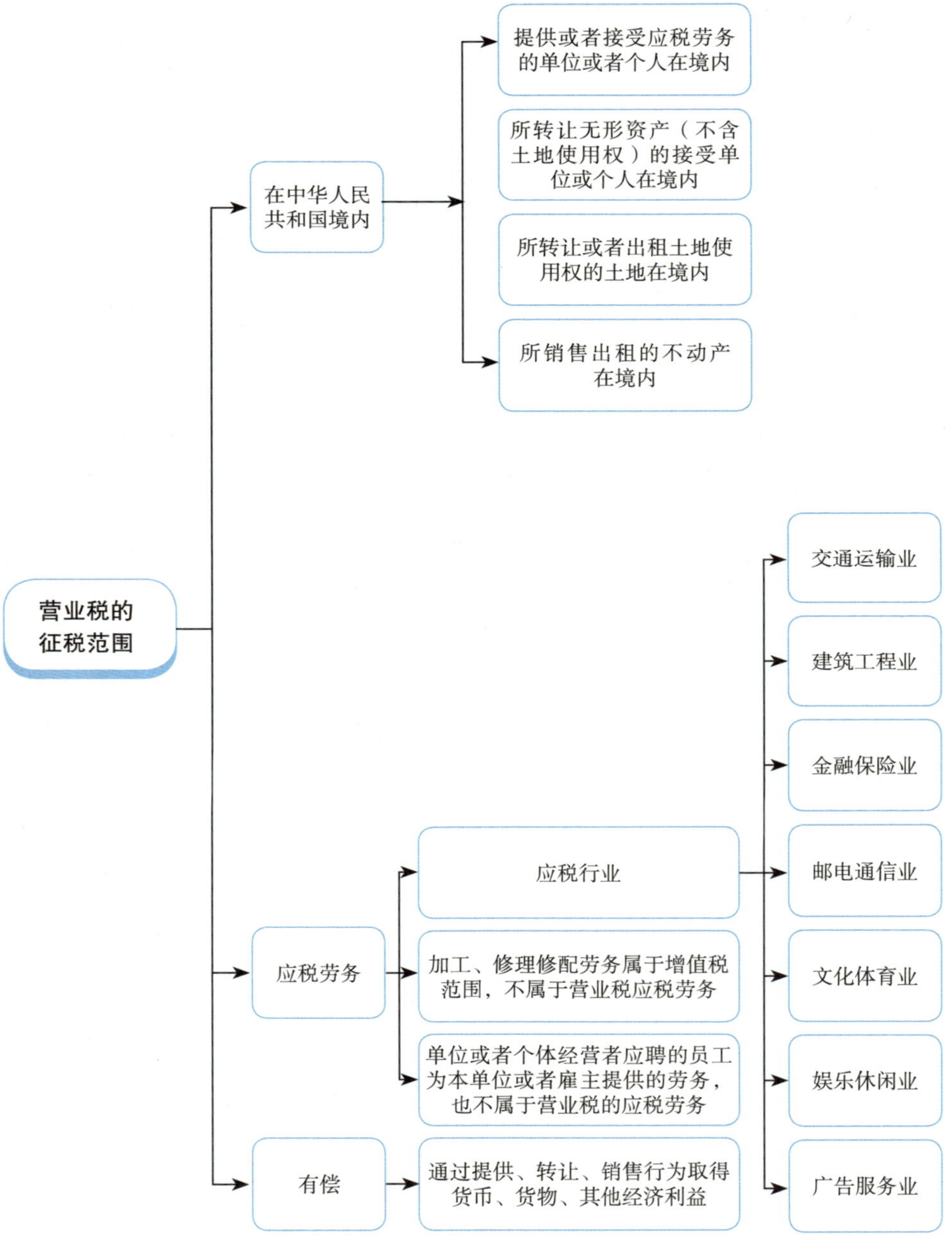
营业税的征税范围
在中华人民共和国境内
提供或者接受应税劳务的单位或者个人在境内
所转让无形资产（不含土地使用权）的接受单位或个人在境内
所转让或者出租土地使用权的土地在境内
所销售出租的不动产在境内
应税劳务
应税行业
交通运输业
建筑工程业
金融保险业
邮电通信业
文化体育业
娱乐休闲业
广告服务业
加工、修理修配劳务属于增值税范围，不属于营业税应税劳务
单位或者个体经营者应聘的员工为本单位或者雇主提供的劳务，也不属于营业税的应税劳务
有偿
通过提供、转让、销售行为取得货币、货物、其他经济利益

营业税的纳税主体

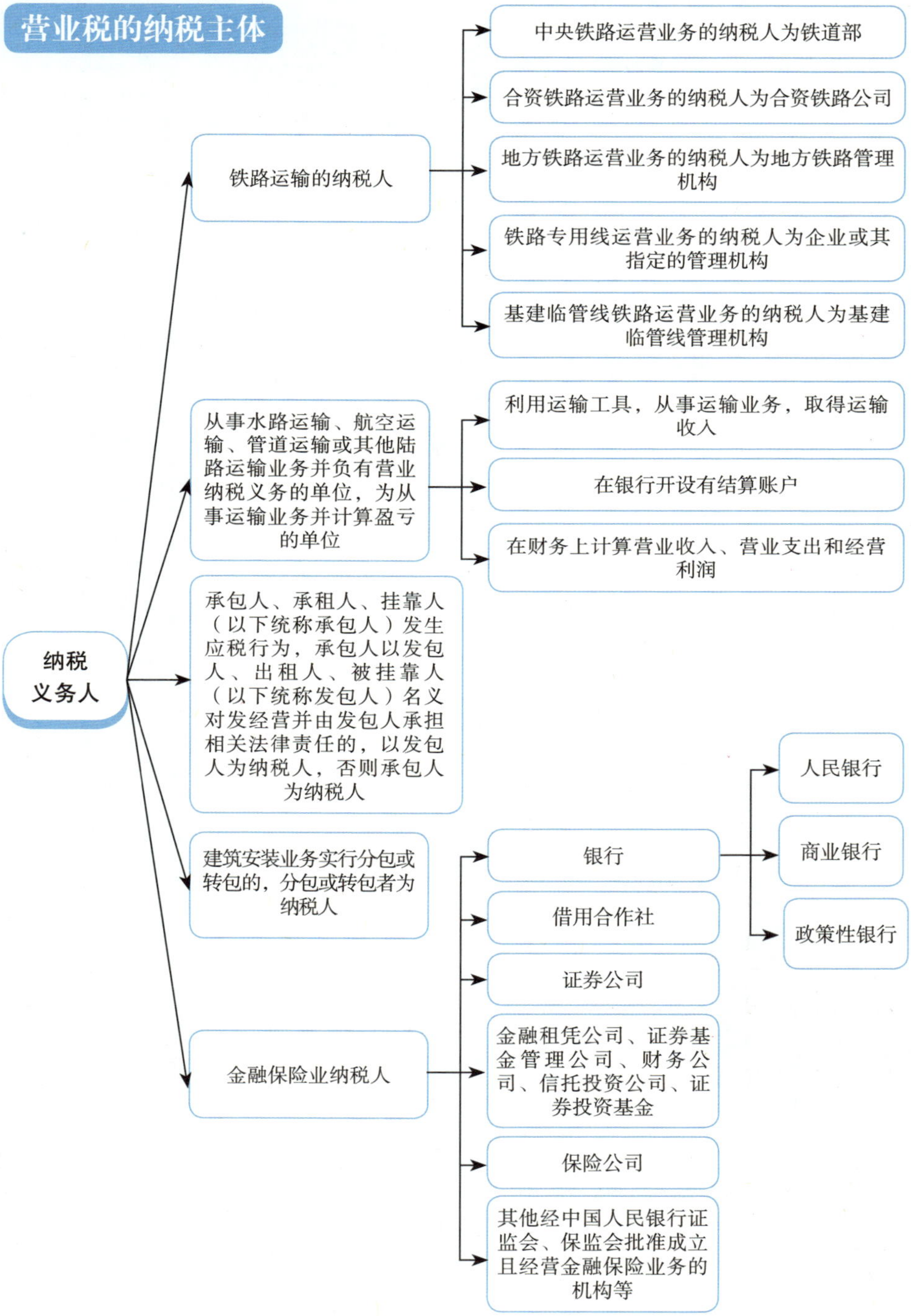
纳税义务人
铁路运输的纳税人
中央铁路运营业务的纳税人为铁道部
合资铁路运营业务的纳税人为合资铁路公司
地方铁路运营业务的纳税人为地方铁路管理机构
铁路专用线运营业务的纳税人为企业或其指定的管理机构
基建临管线铁路运营业务的纳税人为基建临管线管理机构
从事水路运输、航空运输、管道运输或其他陆路运输业务并负有营业纳税义务的单位，为从事运输业务并计算盈亏的单位
利用运输工具，从事运输业务，取得运输收入
在银行开设有结算账户
在财务上计算营业收入、营业支出和经营利润
承包人、承租人、挂靠人（以下统称承包人）发生应税行为，承包人以发包人、出租人、被挂靠人（以下统称发包人）名义对发经营并由发包人承担相关法律责任的，以发包人为纳税人，否则承包人为纳税人
建筑安装业务实行分包或转包的，分包或转包者为纳税人
金融保险业纳税人
银行
人民银行
商业银行
政策性银行
借用合作社
证券公司
金融租凭公司、证券基金管理公司、财务公司、信托投资公司、证券投资基金
保险公司
其他经中国人民银行证监会、保监会批准成立且经营金融保险业务的机构等

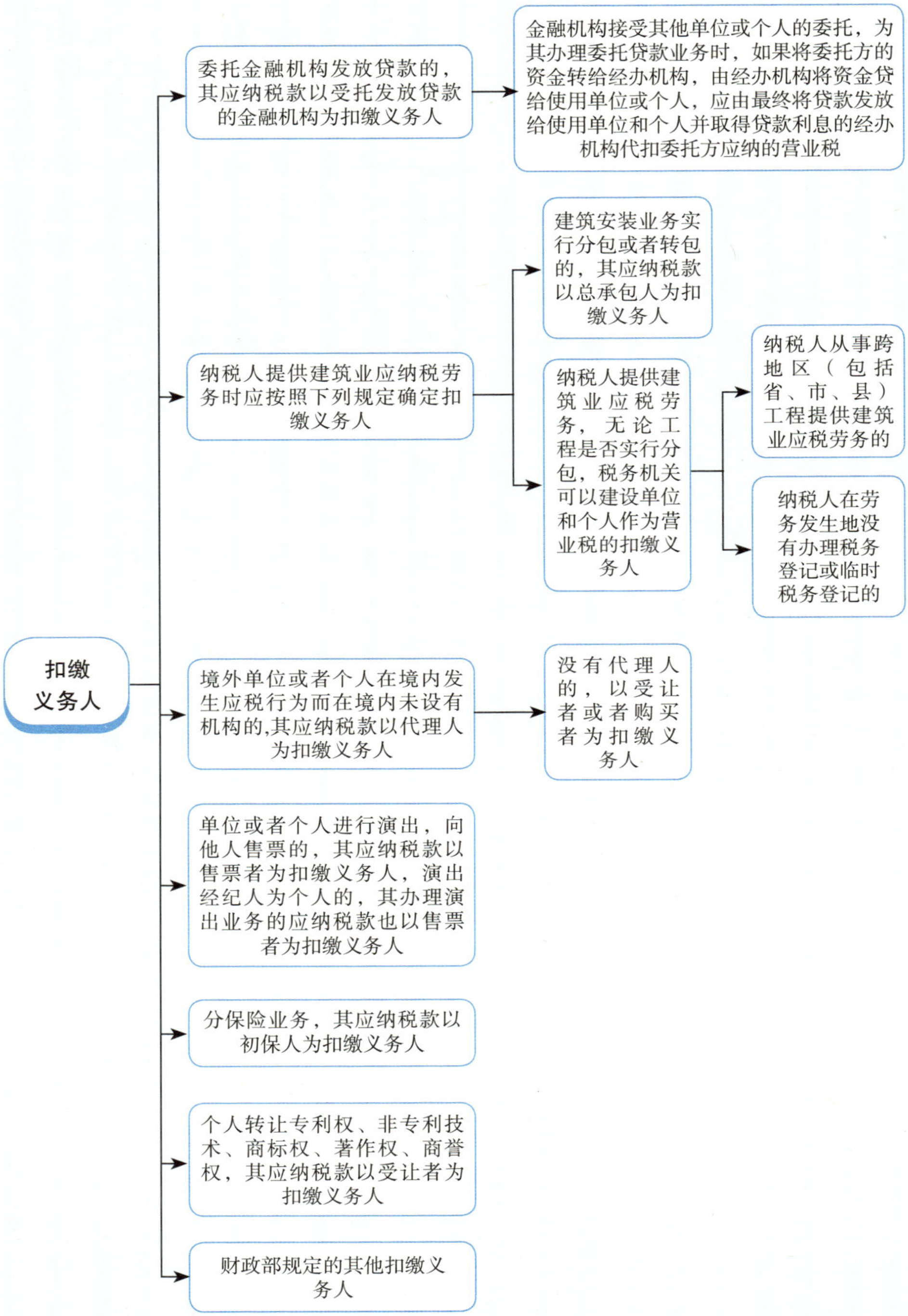
扣缴义务人
委托金融机构发放贷款的，其应纳税款以受托发放贷款的金融机构为扣缴义务人
金融机构接受其他单位或个人的委托，为其办理委托贷款业务时，如果将委托方的资金转给经办机构，由经办机构将资金贷给使用单位或个人，应由最终将贷款发放给使用单位和个人并取得贷款利息的经办机构代扣委托方应纳的营业税
纳税人提供建筑业应纳税劳务时应按照下列规定确定扣缴义务人
建筑安装业务实行分包或者转包的，其应纳税款以总承包人为扣缴义务人
纳税人提供建筑业应税劳务，无论工程是否实行分包，税务机关可以建设单位和个人作为营业税的扣缴义务人
纳税人从事跨地区（包括省、市、县）工程提供建筑业应税劳务的
纳税人在劳务发生地没有办理税务登记或临时税务登记的
境外单位或者个人在境内发生应税行为而在境内未设有机构的,其应纳税款以代理人为扣缴义务人
没有代理人的，以受让者或者购买者为扣缴义务人
单位或者个人进行演出，向他人售票的，其应纳税款以售票者为扣缴义务人，演出经纪人为个人的，其办理演出业务的应纳税款也以售票者为扣缴义务人
分保险业务，其应纳税款以初保人为扣缴义务人
个人转让专利权、非专利技术、商标权、著作权、商誉权，其应纳税款以受让者为扣缴义务人
财政部规定的其他扣缴义务人

增值税

◆　**什么是增值税**

增值税是对商品流转买卖或者提供劳务的单位和个人就其实现的增值额征收的一个税种。

◆　**哪些人需要缴增值税**

从事增值税应税行为的一切单位、个人以及虽不从事增值税应税行为但负有代扣增值税义务的扣缴义务人都是增值税的纳税义务人。

增值税缴纳范围

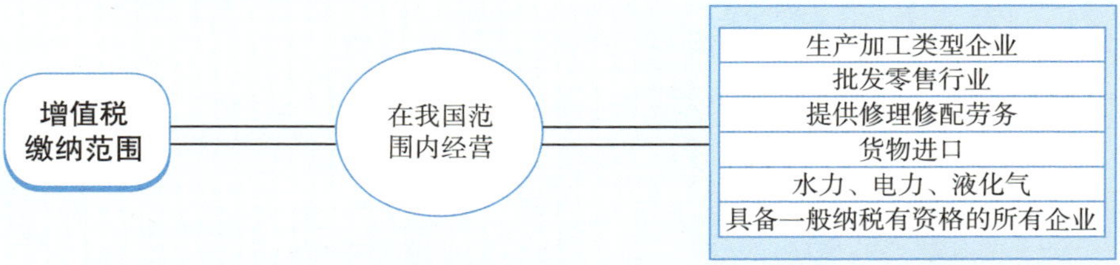

增值税的纳税企业根据经营规模大小以及会计核算的健全程度，分为一般纳税人和小规模纳税人两种。一般纳税人和小规模纳税人的区别具体如下。

◆　**一般纳税人**

一般来说，对于从事批发零售经营的企业，每年的销售额达到80万元的标准，可成为一般纳税人。另外，如果企业的财务核算健全，并且是生产型商贸企业，该标准可放宽至50万元。对于非生产型商贸企业必须达到标准才能认定为一般纳税人。

◆　**小规模纳税人**

增值税的小规模纳税人是指从事生产或提供劳务的企业，年销售额在80万元以下，并且会计核算不健全的企业。符合小规模纳税人的条件的企业，则由税务机关依照税法标准认定为小规模纳税人。对于非营利性的企业并且很少发生或不需要缴纳增值税行为的企业，也归纳为小规模纳税人。小规模纳税人在年销售额达到 80 万元的标准后，可申请为一般纳税人。

◆ 会计核算不健全

这里所说的会计核算不健全是指企业不能正确核算销售税额、进项税额以及企业应纳税额。

增值税计算方法为：

一般纳税人应纳税额 = 含税销售收入 /（1+17%）×17%

小规模纳税人应纳税额 = 含税销售收入 /（1+3%）×3%

企业办税流程

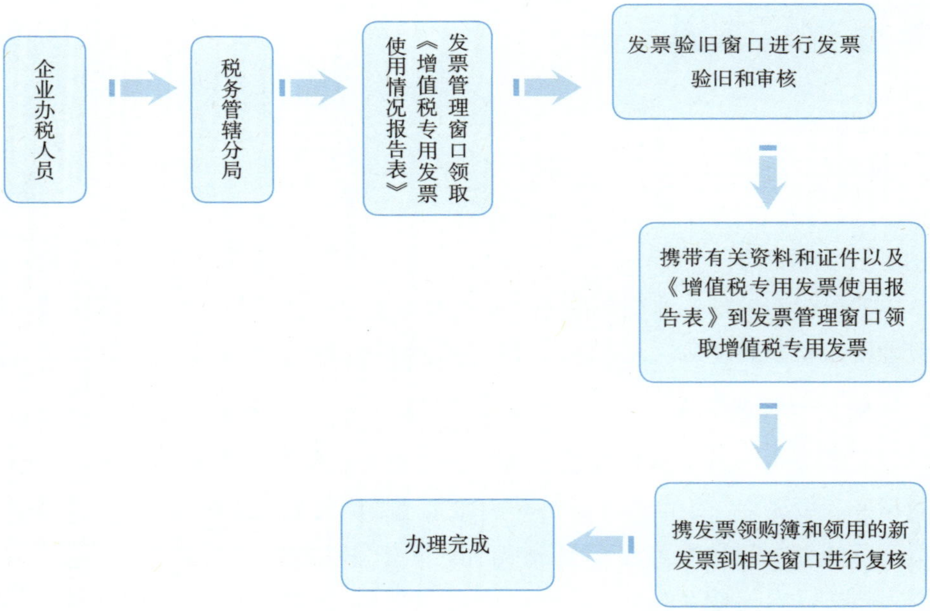
企业办税人员
税务管辖分局
发票管理窗口领取《增值税专用发票使用情况报告表》
发票验旧窗口进行发票验旧和审核
携带有关资料和证件以及《增值税专用发票使用报告表》到发票管理窗口领取增值税专用发票
携发票领购簿和领用的新发票到相关窗口进行复核
办理完成

◆ 增值税税率

增值税税率分为四个层次，分别为零税率、3%、13% 和 17%。每个层次的税率对应不同的行业类型。我国出口贸易行业（另有规定的除外）一般是免征收增值税，即零税率。其他行业的税率参考下表。

增值税税率以及征收率的适用范围

增值税税率	适用该税率的行业范围
零税率	出口外贸行业（另有规定的除外）
3%	适用小规模的纳税人
13% 按行业类型划分	食用油、大米粮食
	石油液化气、自来水、煤气、天然气、沼气
	杂志、报业、图书
	复合肥料、化肥、农药
	其他规定的农业产品、音像制品、电子出版物等
17%	适用于加工、制造劳务企业以及其他货物销售或进口

◆ 增值税的纳税期限

增值税的纳税期限按时间顺序可分为1日、3日、5日、10日、15日、1个月或者1个季度。纳税期限以1个月或1季度为期的企业，应自期满之日起15日内申报纳税；纳税期限以1日、3日、5日、10日或15日为纳税期的，应自期满之日起5日内预缴税款，到下月1日起15日内申报纳税并结清上月应纳税款。

知识拓展

增值税税率改革试点

2011年11月17日，国家财务部、税务总局公布营业税改增值税试点方案，该方案于2012年1月1日起在上海等地正式实施。

2013年继续扩大试点地区，并选择部分行业在全国范围内试点。

“营改增”的意思是以前缴纳营业税的应税项目改成缴纳增值税，增值税就是对于产品或者服务的增值部分纳税，减少了重复纳税的环节。简单地说，一个产品100元，生产者销售时已经缴纳了相应的税金，购买者再次销售时卖出150元，那么他买来的时候100元相应的税金可以抵减，购买者只需要对增值的50元计算缴纳相应的税金。同样，“营改增”就是对以前缴营业税的项目比如提供的服务也采取增值部分纳税的原则计税。

税制改革试点的税制：在现行的增加税率的基础上，增加两个低档的税率，分别为11%和6%。适用11%税率的行业主要是缴通运输业、建筑行业等；适用6%税率的包括现代服务行业等。

◆ **增值税的意义**

我国每年的财政收入中，增值税占全部税收的60%以上，是我国最主要的税种，也是占税收比例最大的税种。增值税的征收是由国家税务局负责，所得收入中25%为地方收入，剩余的75%为国家财政收入。另外，对于货物（劳务）进口产生的增值税由海关负责征收，其收入全部归国家财政收入。

◆ **增值税的计税方法**

增值税的计税方法是根据商品在生产、流通以及提供劳务的过程的各个环节中增加的附加值增收税，也称流转税。有增值才征税，没有增值则不征税。这种流转税通常是由消费者负担。但由于商品的附加值以及增值的价值在流通的过程中不易计算，因此，我国一般采用的计算方式是税款抵扣的方法，国际上普遍采用这种方式计算。

税款抵扣即根据销售（劳务）收入计算出相应的销售税额，即销项税，然后减去已缴纳的增值税税款，即进项税，剩余的部分即是应缴的增值税税额。

◆ **销项税额的确定**

销售额是指纳税人销售货物或应税劳务向购买方（承受应税劳务也视为购买方）收取的全部价款和价外费用，但不包括收取的销项税额。

混合销售行为依照《增值税暂行条例实施细则》第五条规定应当缴纳增值税的，其销售额为货物的销售额与非增值税应税劳务营业额的合计。

价外费用（实属价外收入）是指价外向购买方收取的手续费、补贴、集资费、基金、奖励费、返还利润、违约金（延期付款利息）、包装物租金、包装费、优质费、储备费、运输装卸费、代收款项、代垫款项及其他各种性质的价外费用。上述价外费用无论其会计制度如何进行核算，都应并入销售额计税。但是，价外费用中不包括以下几个项目。

1. 向购买方收取的销项税额。因为增值税属于价外税，其税款不应包含在销售货物的价款之中。

2. 受托加工应征消费税的货物，而由受托方向委托方代收代缴的消费税。因为代收代缴消费税只是受托方履行法定义务的一种行为，此项税金虽然构成委托加工货物成本的一部分，但它同受托方加工业务及其收取的应税加工费没有内在的关联。

3. 同时符合以下条件代为收取的政府性基金或者行政事业性收费。

（1）由国务院或者财政部批准设立的政府性基金，由国务院或者省级人民政府及其财政、价格主管部门批准设立的行政事业性收费。

（2）收取时开具省级以上财政部门印制的财政票据。

（3）所收款项全额上缴财政。

4. 销售货物的同时代办保险而向购买方收取的保险费，以及向购买方收取的代购买方缴纳的车辆购置税、车辆牌照费。

5. 各燃油电厂从政府财政专户取得的发电补贴不属于增值税规定的价外费用，不计入应税销售额，也不征收增值税。

6. 从事热力、电力、燃气、自来水等公用事业的增值税纳税人所收取的一次性费用，凡与货物的销售数量无直接关系的，不征收增值税；凡与货物的销售数量有直接关系的，均征收增值税。

◆ 进项税额的确定

进项税额是指纳税人购进货物或者接受应税劳务所支付或者负担的增值税税额。它是与销项税额相对应的概念。在开具增值税专用发票时，它们之间的对应关系是，销售方收取的销项税额，就是购买方支付的进项税额。

任何一个增值税的一般纳税人，其在经营过程中，都会同时以卖方和买方的身份存在，既会发生销售货物或者提供应税劳务，也会发生购进货物或接受应税劳务。因此，每一个增值税一般纳税人都会有需要收取的销项税额

雷区

值得注意的是，根据国家税务总局的规定，对增值税一般纳税人（包括纳税人自己或代其他部门）向购买方收取的价外费用和逾期包装物押金，应视为含税收入，在征税时换算成不含税收入再并入销售额。按现行会计制度的规定，这些价外费用一般不列入企业的“主营业务收入”科目中核算，而在“其他应付款”、“其他业务收入”及“营业外收入”等科目中核算。因此，如不规定对其并入应税销售额核算，就容易造成纳税人以各种名目收费和各种手段侵蚀应税销售额，导致国家税款的流失。

和支付的进项税额。增值税一般纳税人当期应纳增值税额采用购进抵扣法计算，即用当期的销项税额扣除当期进项税额，余额则为应纳增值税额。进项税额的大小影响纳税人实际缴纳的增值税。但并不是购进货物或者接受应税劳务所支付或者负担的增值税都可以在销项税额中抵扣，税法对哪些进项税额可以抵扣，哪些进项税额不能抵扣均有严格的规定。

一般而言，准予抵扣的进项税额可以根据以下两种方法来确定。

第一，体现支付或者负担的进项税额增值税额，直接在销货方开具的增值税专用发票和海关完税凭证上注明，不需要计算。

第二，购进某些货物或者接受应税劳务时的进项税额，根据支付金额和法定的扣除率计算。

1. 准予从销项税额申抵扣的进项税额。

（1）有法定扣税凭证，并允许扣除的进项税额的规定

①从销售方取得的增值税专用发票上注明的增值税额。

②从海关取得的完税凭证上注明的增值税额。

纳税人进口货物，凡已缴纳了进口环节增值税的，不论是否支付货款，其取得的海关完税凭证均可作为增值税进项税额抵扣凭证。

上述规定说明，纳税人在进行增值税账务处理时，每抵扣一笔进项税额，都有法定扣税凭证与之相对应；没有从销售方或海关取得注明增值税税额的法定扣税凭证，就不能抵扣进项税额。

（2）无法定扣税凭证，但允许计提并扣除进项税额的特殊规定

①一般纳税人向农业生产者、农民专业合作社购买免税的农业产品，或者向小规模纳税人购买的农业产品，准予按照买价 13% 的扣除率计算进项税额抵扣。其计算公式为：

准予抵扣的进项税额 = 买价 × 扣除率。

对这项规定需要说明的是：

a. “免税农业产品”指直接从事植物的种植、收割和动物饲养、捕捞的单位及个人销售自产农业产品，免征增值税；

b. 农业产品具体品目按照《财政部、国家税务总局关于印发的 < 农业产品征收范围注释 > 的通知》执行；

c. 购买免税农业产品的买价，应为经主管税务机关批准使用的收购凭证上注明的价款；

d. 纳税人按规定缴纳的烟叶税，准予并入烟叶产品的买价计算增值税进项税额，并在计算缴纳增值税时予以扣除。购进烟叶准予抵扣的增值税进项税额，按照规定的烟叶收购金额和烟叶税及法定扣除率计算。烟叶收购金额包括纳税人支付给烟叶销售者的烟叶收购价款和价外补贴。价外补贴暂时统一按烟叶收购价款的10%计算，即

烟叶收购金额＝烟叶收购价款×（1+10%）。

烟叶税应纳税额＝烟叶收购金额×税率（20%）。

准予抵扣的进项税额＝（烟叶收购金额＋烟叶税应纳税额）×扣除率。

②增值税一般纳税人外购或销售货物所支付的运输费用，根据运费结算单据所列运费金额，按7%的扣除率计算进项税额准予扣除。其计算公式为：

准予抵扣的进项税额＝运费×扣除率。

增值税一般纳税人购进或销售货物，取得的作为增值税扣税凭证的货运发票，必须是通过货运发票税控系统开具的新版货运发票。纳税人取得的运输发票，应当自开票之日起90日内向主管税务机关申报抵扣，超过90日的不得予以抵扣。

雷区

需要进一步解释的是：

①购买或销售免税货物（购进免税农业产品除外）所发生的运输费用，不得计算进项税额抵扣；

②准予计算进项税额抵扣的货物运费金额为运输费用结算单据上注明的运输费用（包括铁路临管线及铁路专线运输费用）、建设基金，不包括装卸费、保险费等其他杂费；

③一般纳税人取得的国际货物运输发票和国际货物运输代理业发票，不得计算抵扣进项税额；

④一般纳税人取得的项目填写不齐全的运输发票（附有运输清单的汇总开具的运输发票除外），不得计算抵扣进项税额；

⑤一般纳税人在生产经营过程中所支付的运输费用，允许计算抵扣进项税额；

⑥一般纳税人取得汇总开具的运输发票，凡附有运输企业开具并加盖财务专用章或发票专用章的运输清单，方可计算抵扣进项税额。

2. 不得从销项税额中抵扣的进项税额。

纳税人购进货物或者应税劳务，取得的增值税扣税凭证不符合法律、行政法规或者国务院税务主管部门有关规定的，其进项税额不得从销项税额中抵扣。

根据《国家税务总局关于增值税一般纳税人取得防伪税控系统开具的增值税专用发票进项税额抵扣问题的通知》（国税发［2003］17号）的规定，增值税一般纳税人申请抵扣的防伪税控系统开具的增值税专用发票，必须自该专用发票开具之日起90日内到税务机关认证，否则不予抵扣进项税额。增值税一般纳税人认证通过的防伪税控系统开具的增值税专用发票，应在认证通过的当月按照增值税有关规定核算当期进项税额并申报抵扣，否则不予抵扣进项税额。

下列项目的进项税额不得从销项税额中抵扣：

（1）用于免征增值税项目、非增值税应税项目、集体福利或者个人消费的购进货物或者应税劳务。

所谓非应税项目，是指提供非应税劳务、转让无形资产、销售不动产和固定资产、在建工程等。固定资产是指使用期限超过12个月的机器、机械、运输工具以及其他与生产经营有关的设备、工具和器具等。

（2）非正常损失的购进货物及相关的应税劳务。

非正常损失是指因管理不善造成丢失、被盗、霉烂变质的损失。

（3）非正常损失的产成品、在产品所耗用的购进货物或者应税劳务。

（4）国务院财政、税务主管部门规定的纳税人自用消费品。

为预防出现税收漏洞，将与企业技术更新无关，且容易混为个人消费的应征消费税的摩托车、小汽车和游艇排除在进项税额抵扣范围之外。

（5）上述四项所规定货物的运输费用和销售免税货物的运输费用。

◆ 一般纳税人应纳增值税计算思路

一般纳税人实行凭增值税专用发票购进扣税法。一般纳税人销售货物或者提供应税劳务时，应纳税额为当期销项税额抵扣当期进项税额后的余额，计算公式为：

应纳税额＝当期销项税额－当期进项税额。

公式中的“应纳税额”是纳税人实际应缴纳的增值税税额，即纳税人当期销项税额抵扣进项税额后的余额。

如果应纳税额为正数，即为纳税人当期应纳税额；如果应纳税额为负数，即当期销项税额小于当期进项税额而发生不足抵扣时，可将不足部分结转下期继续抵扣。

◆　应纳税额的时间界定

1．销项税额的时间界定。

销项税额时间界定的原则：销项税额的确定不得滞后。

具体确定销项税额的时间如下：

（1）采取直接收款的方式销售货物，不论货物是否发出，均为收到销售款或者取得索取销售款凭据的当天；

（2）采取托收承付和委托银行收款的方式销售货物，为发出货物并办妥托收手续的当天；

（3）采取赊销和分期收款方式，为书面合同所约定的收款日期当天，无书面合同或者书面合同没有约定收款日期的，为货物发出当天；

（4）采取预收货款方式销售货物，为货物发出的当天，但生产销售生产工期超过12个月的大型机械设备、船舶、飞机等货物，为收到预收款或者书面合同所约定收款日期的当天；

（5）委托其他纳税人代销货物，为收到代销单位的代销清单或者收到全部或部分货款的当天；未收到代销清单及货款的，为发出代销货物满180天的当天。

2．进项税额抵扣时限的界定。

进项税额的抵扣时限界定的原则：进项税额的抵扣不得提前。

不同扣税凭证抵扣时限界定规定如下：

增值税一般纳税人取得防伪税控系统开具的增值税专用发票，抵扣的进项税额按以下规定处理。

①增值税一般纳税人申请抵扣的防伪税控系统所开具的增值税专用发票，必须自发票开具之日起90日内到税务机关认证，否则不予抵扣进项税额；

②增值税纳税人认证通过的防伪税控系统所开具的增值税专用发票，应

在认证通过当月按照增值税有关规定核算当期进项税额并申报抵扣，否则不予抵扣进项税额；

3. 增值税一般纳税人取得由税务机关代开的专用发票后，应按发票注明的销售额和征收率计算的应纳税额为抵扣的进项税额。

（1）增值税一般纳税人进口货物，取得2004年2月1日以后开具的海关完税凭证，应在开具之日起90日后的第一个纳税申报期结束以前向主管税务机关申报抵扣，逾期不予抵扣进项税额。纳税人丢失海关完税凭证的，凭海关出具的相关证明，向主管税务机关提出抵扣申请。

（2）增值税一般纳税人取得2004年3月1日后开具的废旧物资发票，应在开票之日起90日后的第一个纳税申报期结束以前向主管税务机关申报抵扣，逾期不得抵扣进项税额。

知识拓展

扣减当期销项税额的规定

纳税人在销售货物时，往往因货物质量、规格等原因而发生销货退回或销售折让。销货退回或销售折让不仅涉及销货价款或折让价款的退回，还涉及增值税的退回，因此，销货方应对当期销项税额进行调整。税法规定，一般纳税人因销货退回和销售折让而退还给购买方的增值税额，应从发生销货退回或销售折让当期的销项税额扣减。

扣减当期进项税额的规定：由于增值税实行以当期销项税额抵扣当期进项税额的“购进扣税法”，当期购进的货物或应税劳务如果事先并未确定将用于非生产经营项目，其进项税额则应在当期销项税额中予以抵扣。

◆ 应纳税额的计算公式

应纳税额的计算公式为：

应纳税额＝当期销项税额－当期进项税额。

由于增值税采用购进扣税法，有时企业当期购进的货物价款较多，而同期销售额却较少，纳税人在计算应纳税额时会出现当期销项税额小于当期进项税额。当期销项税额小于当期进项税额不足抵扣的，不足部分可以结转下期继续抵扣（形成本期留抵税额）。这种情况下，下期增值税应纳税额的计算公式就为：

应纳税额=（当期销项税额－当期进项税额）－上期留抵税额。

专家提醒

因当期销项税额小于当期进项税额不足抵扣时，其不足部分可以结转下期继续抵扣。

小规模纳税人经营规模小，会计核算不健全，无法按照一般纳税人那样分别核算进项税额和销项税额，所以为了简化计算，有利于加强税收征管，税法规定对小规模企业实行简易征收办法，即按销售额3%的征收率计算应纳税额，不得抵扣进项税额。

小规模纳税人应纳税额的计算公式：

应纳税额=销售额 × 征收率。

销项税额的计算公式：

销项税额=销售额 × 税率。

◆　增值税的起征点

根据中华人民共和国财政部令［2011］第065号《关于修改〈中华人民共和国增值税暂行条例实施细则〉和〈中华人民共和国营业税暂行条例实施

雷区

含税价与不含税价在企业签订供销合同时要特别注意。通常理论上讲售价、销售价格都是指不含税价。但实际工作中，很多人却一直认为收到的钱才是售价，只有会计计算缴税时才分含税与不含税，这是错误的。所以，从这个角度来看，小规模纳税人当然是缴增值税。小规模纳税人申报计算时注意“销售额”，销售收到的钱或应收款是含税价，增值税是对不含税价征税，故首先要把含税转成不含税。

细则〉的决定》的文件规定，我国从 2011 年 11 月 1 日起，增值税起征点修改为：

销售货物的，为月销售额 5000~20000 元；

销售应税劳务的，为月销售额 5000~20000 元；

按次纳税的，为每次（日）销售额 300~500 元。

知识拓展

主管税务机关为小规模纳税人（包括小规模纳税人中的企业、企业性单位及其他小规模纳税人，下同）代开专用发票，应在专用发票“单价”栏和“金额”栏分别填写不含增值税税额的单价和销售额，应纳税额按销售额依照征收率计算。

主管税务机关为小规模纳税人代开专用发票后，发生退票的，由销售方到税务机关比照增值税一般纳税人开具专用发票后作废或开具红字发票的有关规定处理；对于重新开票的，应同时进行新开票税额与原开票税额的清算，多退少补；对无须重新开票的，退还其已征的税款或抵顶下期正常申报税款。

企业所得税

企业所得税的征收对象是国家对内资企业和经营单位生产经营所得的收益额（来自于境内和境外所得），包括销售货物收入、劳务所得收入、利息收入、财产转让收入、股息、接受捐赠以及其他所得。企业所得税的义务纳税人是指在中华人民共和国境内从事生产经营以及独立核算的企业或组织，包括有以下6种：国有企业、私营企业、联营企业、股份制企业、集体企业以及有生产经营所得和其他所得的其他组织。

企业所得税的义务纳税人

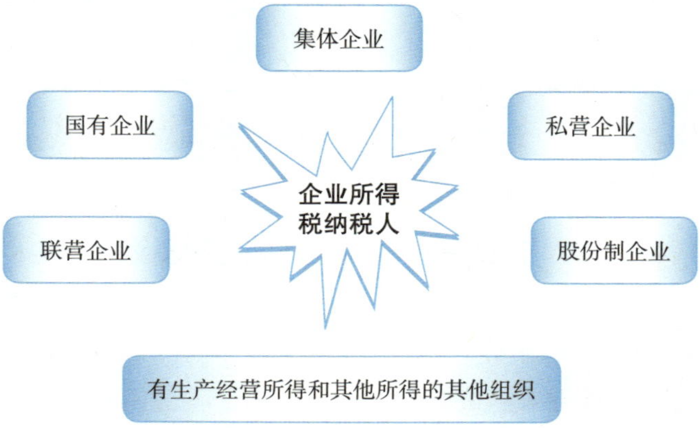

◆ 企业所得税的基本税率

根据原《中华人民共和国企业所得税暂行条例》的规定，我国企业所得税的基本税率为33%。对于规模较小的中小企业，另外设置了两个低档次的税率，分别为18%和27%。

对于年应纳税所得额在3万元以下（包括3万元）的企业，按18%的税率征收企业所得税；对于年应纳税所得额在3万元以上、10万元以下的企业，则按27%的税率征收企业所得税。

2008年，新《中华人民共和国所得税法》规定，一般的企业所得税的税率调整为25%。

原外资企业的所得税税率为30%，新税法规定调整为25%，与内资企业同样税率；国家重点扶持的高新技术企业税率为15%；小型企业税率为20%；非居民企业为20%。

新税法规定的企业所得税率

一般外资与内资企业	25%
国家重点扶持的高新技术企业	15%
小型企业	20%
非居民企业	20%

◆ 企业所得税的特点

企业所得税是我国主要的财政收入之一，也是国家参与企业利润分配的重要手段。企业所得税的特点主要有以下几个方面。

1. 计税依据为应纳税所得额。企业所得税的计税依据是纳税人的收入总额扣除各项成本、费用、税金、损失等支出后的净所得额（纯所得），它既不等于企业实现的会计利润额，也不是企业的增值额，更非销售额或营业额。因此，企业所得税是一种不同于流转税的税种。

2. 应纳税所得额的计算较为复杂。通常情况下，纳税人和实际负担人是一致的并以企业净所得为计税依据，计算应纳税所得额。因此，应纳税所得额的计算需涉及一定时期的成本、费用的归集与分摊。而且，由于政府往往

知识拓展

企业所得税与增值税的区别

增值税是根据商品（劳务）增值额征收，即某一批商品的销售情况征收税；而企业所得税是根据企业生产经营所得征收税，是对企业整体所得利润征税。

利用所得税作为调节国民收入分配、执行经济政策和社会政策的重要工具，这样就使应纳税所得额的计算程序较为复杂。

3. 征税以量能负担为原则。企业所得税以纳税人的生产经营所得和其他所得为计税依据，贯彻了量能负担为原则，即所得多、负担能力大的，多纳税；所得少、负担能力小的，少纳税；无所得、没有负担能力的，不纳税。这种将所得税负担和纳税人所得多少联系起来征税的办法，便于体现税收公平的基本原则。

4. 实行按年计征、分期预缴的征收管理办法。通过利润所得来综合反映企业的经营业绩，通常是按年计算、衡量的。所以，企业所得税以全年的应纳税所得额作为计税依据，分月或分季预缴，年终汇算清缴。与会计年度及核算期限一致，有利于税收的税收管理和企业核算期限的一致性。

◆　企业所得税的征收方式

企业所得税的征收方式有两种：一种是查账征收；另一种是核定征收。

查账征收是根据企业利润（收入－成本费用），乘以相应的税率；核定征收是指在不考虑企业成本费用的情况下，用收入乘以一个税率（具体税率由国家税务机关根据不同行业的企业确定）得出的数额再乘以相应的企业所得税税率。

企业所得税的征收方式

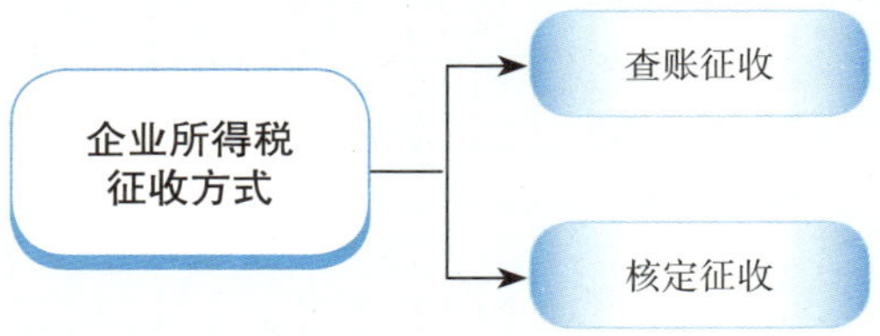

◆　企业所得税纳税流程

企业所得税的纳税地点为企业经营管理所在地的主管税务部门。企业所得税的纳税年度是从每年的公历1月1日起至12月31日止。企业应在每季度终了后15日内，年度终了后45日内向当地税务主管机关申报企业所得税。如果企业进行清算，应在办理工商注销前，向当地主管税务机关办理所得税申报。

企业所得税一般是采用按月或季度预缴或年终汇算清缴的办法。

按月或季度缴纳所得税的企业，应在月或季度终了的15日之内，向主管税务机关进行纳税申报，并预缴税款。年度即在年度终了后45日内申报，税务机关在年度终了后4个月内企业预缴的所得税进行汇算清缴，多的退回企业，少的需补交。

企业所得税的纳税义务人与征税对象

纳税人	判定标准	纳税人范围	征税对象
居民企业	（1）依照中国法律、法规，在中国境内成立的企业 （2）依照外国（地区）法律成立但实际管理机构在中国境内的企业	包括国有、集体、私营、联营、股份制等各类企业；外商投资企业和外国企业；有生产经营所得和其他所得的其他组织 不包括个人独资企业和合伙企业（适用个人所得税）	来源于中国境内、境外的所得
非居民企业	（1）依照外国（地区）法律、法规成立且实际管理机构不在中国境内，但在中国境内设立机构、场所的企业 （2）在中国境内未设立机构、场所，但有来源于中国境内所得的企业	在中国境内从事生产经营活动的机构、场所，包括： （1）管理机构、营业机构和办事机构 （2）工厂、农场和开采自然资源的场所 （3）提供劳务的场所 （4）从事建筑、安装、装配、修理和勘探等工程作业的场所 （5）其他从事生产经营活动的机构和场所	来源于中国境内的所得

专家提醒

需要注意的是，个人独资企业、合伙企业无须征收企业所得税，一般征收个人所得税即可。如果对这两类企业征收企业所得税即属重复征税。

◆　所得税优惠政策

对于国家鼓励和支持的产业，所得税优惠政策主要有以下几种。

1. 发展高新技术产业的优惠政策：对于国务院批准的高新技术产业，按15% 的税率征收企业所得税；对于新投入生产的高新技术产业，两年内免征收企业所得税。

2. 发展第三产业的优惠政策：包括科研单位技术成果转让、技术咨询、服务、培训等技术性服务收入，暂不征收所得税；新办的独立核算的咨询行业（如科技、法律、会计）、信信业、技术服务业的企业；以及交通运输业、通信业等则有 1 ～ 2 年相应的免征或减征所得税期。

3. 鼓励企业利用三废（废气、废水、废渣）等废弃物为主要原料进行生产的优惠政策：企业利用“三废”等废弃物为主要原料进行生产的，可享受5 年内减征或免征所得税。

4. 扶持贫穷边远地区的优惠政策：对于在贫穷边远地区新办企业的，经主管税务机关批准后，可减征或免征 1 年企业所得税。

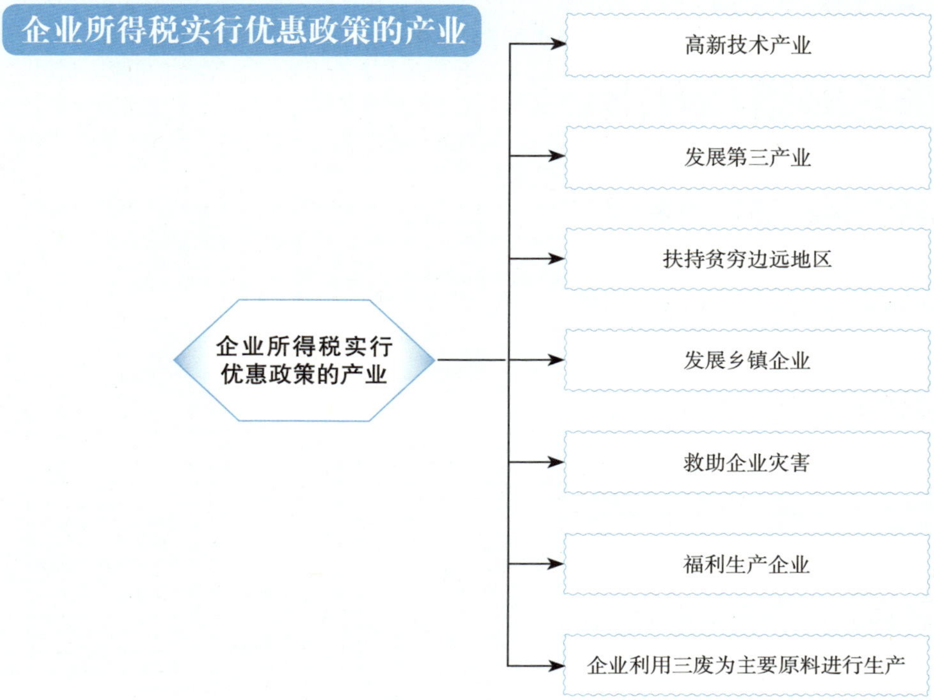

5. 救助企业灾害的优惠政策：企业因受到严重自然灾害受而发生重大损失的，经有关部门批准，可以给予减征或免征企业所得税 1 年。

6. 福利生产企业的优惠政策：对街道办的社会福利生产单位，如安置四残人员占生产人员总数 35% 以上的，暂时免征收所得税；超过 10% 未达到 35% 的，可减半征收所得税。

7. 发展乡镇企业的优惠政策：对于乡镇企业，按企业应缴所得税减征 10% 的税额。

知识拓展

会计利润是确定应纳税所得额的基础，应纳税所得额是在会计的基础上按税法规定相应调整后确定的。其计算公式为：

应纳税所得额 = 企业会计利润 +（−）金额

企业应纳税所得额的计算，以权责发生制为原则。权责发生制要求，属于当期的收入和费用，只要当期有收款的权利或付款的义务，不论款项是否收付，均作为当期的收入和费用；不属于当期的收入和费用，即使款项已经在当期收付，均不作为当期的收入和费用。权责发生制以企业经济权利和经济义务是否发生作为计算应纳税所得额的依据，注重强调企业收入与费用的时间配比，要求企业收入费用的确认时间不得提前或滞后。企业在不同纳税期间享受不同的税收优惠政策时，坚持按权责发生制原则计算应纳税所得额，可以有效防止企业利用收入和支出确认时间的不同规避税收。另外，企业会计准则规定，企业要以权责发生制为原则确认当期收入或费用，计算企业生产经营成果。企业所得税法与会计采用同一原则确认当期收入或费用，有利于减少两者的差异，减轻纳税人税收遵从成本。

由于信用制度在商业活动中广泛采用，有些交易虽然权责已经确认，但交易时间较长，超过一个或几个纳税期间。为了保证税收收入的均衡性和防止企业逃税，企业所得税法及其实施条例中也采取了有别于权责发生制的办法。

个人所得税

个人所得税是对个人（自然人）取得的各项应税所得征收的一种税。它最早于1799年在英国创立，目前已是世界各国普遍开征的一个税种，并成为一些国家最主要的税收来源。在我国，个人所得税已经历了20年的历史，对于维护我国税收权益、增加国家财政收入和调节收入分配等发挥了越来越显著的积极作用。

◆ 个人所得税征收对象

个人所得税的纳税义务人包括在中国境内居住有所得的人，以及不在中国境内居住而从中国境内取得所得的个人，包括中国国内公民，在中国境内取得所得的外籍人员和港、澳、台同胞。

◆ 个人所得税纳税义务人

对于在中国境内有住所，或者无住所但在中国境内居住满1年的个人，属于有义务纳税的居民人，而且应承担无限纳税义务，其在中国境内和境外取得的所得，依法缴纳个人所得税。对于不在中国境内居住且无住所，或无住所但在中国境内居住不满一年的人，属于非居民纳税义务人，其承担的纳税义务是有限义务，只需缴纳其在中国境内取得的所得，依法缴纳个人所得税。

◆ 征税项目、税率和计税方法

个人所得税的征税项目包括工资、薪金所得；个体工商户的生产、经营所得；利息、股息、红利所得，财产租赁所得；劳务报酬所得，稿酬所得；财产转让所得；偶然所得；特许权使用费所得；对企业、事业单位的承包经营、承租经营所得；国务院财政部门确定征税的其他所得等。

个人所得税征税项目

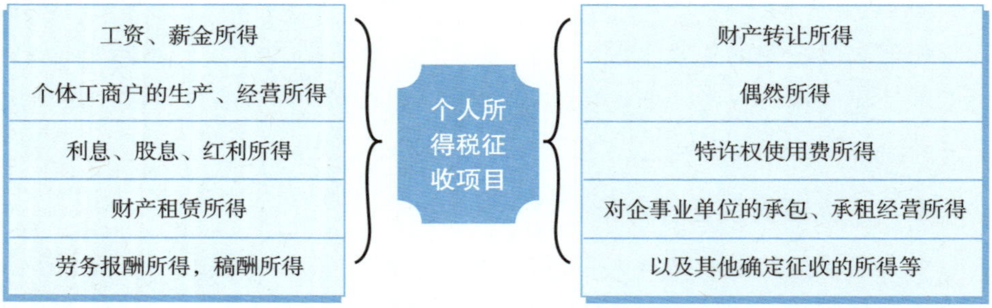

◆ 工资、薪金所得的计税方法

工资、薪金所得税，以纳税人当月取得的薪资收入减去扣除额（3500）、五险一金等项目后的金额为应纳税所得额。工资、薪金所得包括，个人因任职、受雇取得的工资、薪金、奖金、年终加薪、劳动分红、津贴、补贴和其他所得。

2011年9月1日起，《个人所得税税率表（一）》调整为7级超额累进税率。

调整后的7级超额累进税率

级数	税率	全月应纳税所得额	速算扣除数
1	3%	不超过1500元	0
2	10%	超过1500元至4500元	105
3	20%	超过4500元至9000元	555
4	25%	超过9000元至35 000元	1005
5	30%	超过35 000元至55 000元	2755
6	35%	超过55 000元至80 000元	5505
7	45%	超过80 000元	13 505

计算公式：

个人所得税应交税额＝应纳税所得额×适用税率－速算扣除

以个税免征额3500元/月的标准计算个人所得税：

如某人每月的工资，减去四险一金后的收入为5000元，计算个人所得税应纳税额则为：

（5000－3500）×10%－105＝45（元）　应纳个人所得税额

现行的个人所得税征收额，正确的说法应该是“个人所得税免征额”即3500元为免征额。

◆　起征点和免征额的区别

起征点与免征额是两个不同概念。起征点是指纳税对象达到征税标准的界限，如果未达到征税标准界限，则不征税；一旦达到或超过征收界限时，即按其全部数额征收。

免征额是指对纳税对象免于征税的数额，它是按规定扣除免征的数额，超过免征的部分数额才征收税，不超过征收额部分则不征收。

比如现在工资的免征额是3500元，当某人工资是4000元时，减去3500元免征额，超过部分500元才需缴税。如果工资起征点为3500元时，某人的月工资是4000元，已经达到或超过起征点，那么所有工资数额都需计税。

◆　其他个人所得

个体工商户的生产、经营所得包括：经工商行政管理部门批准经营的城乡个体工商户，其生产、经营中取得的所得；个人经政府有关部门批准，取得营业执照，从事办学、医疗、咨询等有偿服务活动取得的所得；个人临时从事生产、经营取得的所得。

对企事业单位的承包经营、承租经营所得，是指个人承包、转包、承租经营、转租等方式取得的所得。

劳务报酬所得，包括个人从事设计、医疗、法律、会计、咨询、讲学、翻译、广告、展览、技术服务、审稿、书画、影视、演出、表演、介绍服务、经济服务、代办服务以及其他劳务取得的所得。

稿酬所得，是指个人以图书、报纸的方式出版、发表其创作作品取得的所得。包括翻译作品、本人著作的文字、图书等。如果是个人取得遗作稿酬，按稿酬所得项目计税。

特许权使用费所得，包括个人因提供专利权、著作权、商标权及其他特许权的使用权取得的所得。

利息、股息、红利所得，包括个人拥有债权、股权而取得的利息、股息、红利所得。

财产租赁所得，是指个人出租其动产或不动产取得的所得，如出租房屋建筑、车船、机器设备以及其他财产。

财产转让所得，包括个人转让有价证券、股权、土地使用权、机器设备、车船以及其他自有财产取得的所得。对于个人买卖股票取得的所得暂不征税。

偶然所得，是指个人因偶然性取得的所得，包括得奖、彩票中奖以及其他偶然性质的所得。

另外，国务院规定的其他确定征收的所得。

◆ 免征收个人所得税的项目

属于免征收个人所得税的项目，有以下各类所得。

1	由国务院部委、省级人民政府以上单位，以及国际组织颁发的文化、科学、教育、技术、体育等方面的奖金
2	购买国债或国家发行的金融债券取得的利息收入
3	国家统一规定发给的补贴、津贴
4	福利费、抚恤金、救济金
5	保险赔偿款
6	军人的转业费以及复员费
7	国家统一规定发给干部、职工的安家费、退休工资、离休工资、离休生活补助费
8	法律规定免征税的外国驻华使馆、领事馆的外交代表、领事官员和其他人员的所得
9	我国政府参与的国际公约、签订的协议中规定免税的所得
10	国务院、财政部门批准免税的所得

关税

关税是指国家授权海关对出入关境的货物和物品征收的一种税。关税在各国一般属于国家最高行政单位指定税率的高级税种，对于对外贸易发达的国家而言，关税往往是国家税收乃至国家财政的主要收入。

征收关税是一国政府增加其财政收入的方式之一，但随着世界贸易的不断发展，关税占国家财政收入的比重在不断下降。每个国家都会对进出口的商品根据其种类和价值征收一定的税款。其作用在于通过收税抬高进口商品的价格，降低其市场竞争力，减少在市场上对本国产品的不良影响。

◆　关税的分类

关税按征收的商品的流向可分为进口税、出口税和过境税三种。

进口税是国家海关对进口本国商品所征收的关税。对于许多已经废除出口关税的国家，进口税是唯一的关税。

出口税是国家海关对本国商品，出口外国时所征收的一种关税，出口关税的征收会增加企业的商品输出成本，会削弱本国商品在国际市场上的竞争力。西方发达国家已基本取消了关税，我国目前对大部分出口贸易商品已经取消出口税，只有少部分关系到国民生计的商品还征收出口税。

过境税是对经过本国国境运往别国的货物征收的关税。目前，我国已取消过境税，世界上大多数国家都不征收过境税。

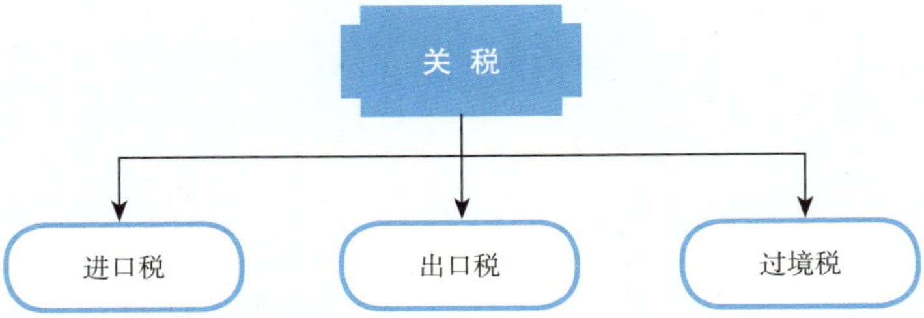

◆ 征收关税的目的

征收关税的主要目的是维护国家主权和经济利益；保护和促进本国工、农业的发展；调节本国经济和对外贸易平衡以及筹集国家财政收入。

1. 维护国家主权和经济利益。

表面上看，关税是对外贸易的税收。实际上，一个国家采取什么样的关税政策，会直接影响国家之间的经济利益和主权利益。我国是通过关税复式税则和方法，争取国际贸易关税的平等互惠，以及反对别国对我国关税歧视原则，促进对外经济技术的来往以及扩大经济合作。

2. 保护和促进本国工农业生产的发展。

关税政策分为自由贸易政策和保护关税政策。一个国家的关税政策主要

关税的特点

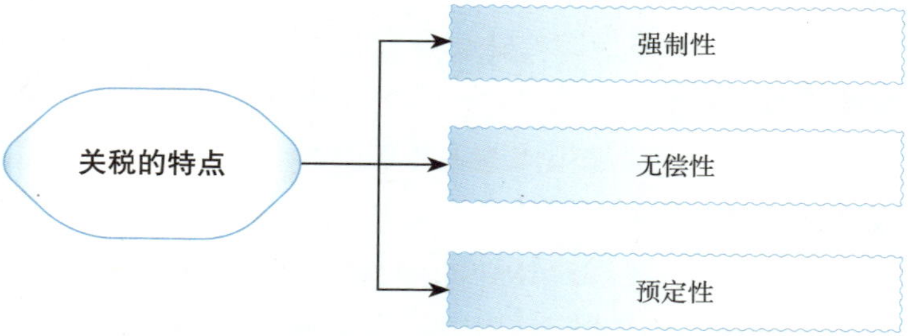

专家提醒

征收出口关税在 17 世纪、18 世纪时曾是欧洲各国的重要财政来源。19 世纪以后，欧洲各国认识到，征收出口关税不利于该国的生产和经济发展。因为出口关税增加了出口货物的成本，会提高该国产品在国外的售价，从而降低了同外国产品的市场竞争能力，影响了该国产品的出口。因此，19 世纪后期，各国相继取消了出口关税。

还是由该国的经济发展水平、产业结构及国际竞争力等多方面的因素决定的。

对于产业结构以工农业为主的发展中国家，在国际市场上的竞争力较弱，一般适合采用关税保护政策，我国目前实行的就是关税保护政策。关税保护政策也对保护和促进本国的工农业发展起到了重要作用。如果实行自由贸易政策，对于产品竞争力较弱的发展中国家，会失去国际市场竞争力，从而给本国经济带来严重的冲击。

3. 调节本国经济和对外贸易平衡。

关税税率高低，可以影响本国进出口的规模以及经济结构。关税是国家的重要经济杠杆，通过税率的高低和关税的减免，可以影响进出口规模，调节国民经济活动。

4. 通过调节出口产品数量，筹集国家财政收入。

对于一些工业商不发达的发展中国家，国内的经济依赖少数几种产品资源出口，或国内的消费品大多需要进口的国家，关税具有调节出口数量的作用。在我国，关税仍是财务收入的主要组成部分，是财政收入的重要来源。而关税收入在发达国家占该国财政收入的比例较小。

◆ 关税的计算

关税的基本计税方法是以进出口货物的价格、数量为计税依据，然后按

征收关税的目的

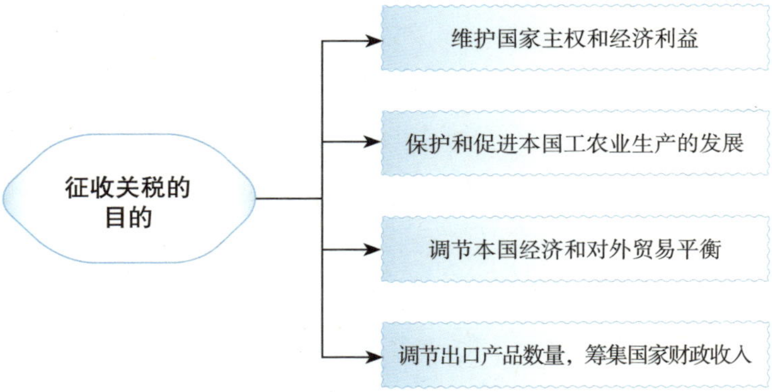
征收关税的目的
维护国家主权和经济利益
保护和促进本国工农业生产的发展
调节本国经济和对外贸易平衡
调节出口产品数量，筹集国家财政收入

照相应的税率、税额标准计算完税价格。因此，商品的完税价格是计算关税的依据。

按征收的标准，关税可以分成从价税、从量税、复合税、滑准税四种计算方法。

关税的计算

从价税

从价税是以进出口货物的价格或价值作为计税依据，价格或价值乘以相应的税率为纳税额。从价税是我国海关计算关税最常用的一种方式，一般来说，进出口货物的价格越高，纳税额也越高。

从价税额的计算公式如下：

应纳税额＝应税进出口货物数量 × 单位完税价格 × 适用税率。

从量税

从量税的计税依据是进出口货物的数量、重量、体积等计量单位来计算应征税额。以计量单位乘以相应税率得出货物的关税税额。以这种计税方式计税的关税的特点是，应纳税额不受货物的价格或价值影响。我国目前对进口商品征收从量税的物品有原油、啤酒等。

从量税额的计算公式如下：

应纳税额＝应税进口货物数量 × 关税单位税额。

复合税

复合税也称混合税，是指对商品既征收从价税，又征收从量税。即对进出口货物混合使用从价税和从量税的征税方式。复合税的用法有多种，比如对货物同时征收一定数额的从价税和从量税，或者按从量税征收关税。复合税的特点是，既可以发挥从量税的计算的便利性，同时又可以抑制低价进口货物，使税负更为合理、稳定。我国目前使用复合税计算的主要有摄像机、录像机、放映机、数码相机等进口商品。

复合税额的计算公式如下：

应纳税额 = 应税进口货物数量 × 关税单位税额 + 应税进口货物数量 × 单位完税价格 × 适用税率。

滑准税

滑准税是指根据不同价格的进出口货物采用不同的税率的一种特殊的从价计算关税法。一般来说，进口商品的价格越高，关税的税率越低。滑准税的特点是，保证该种税率相应的商品国内市场价格的稳定性，不受到国际市场价格的影响。我国目前实行滑准税的商品仅有新闻报纸类的进口。

滑准税额的计算公式如下：

应纳税额＝ T1、T2×P× 汇率

◆　关税的免税、减税

关税的免征税和减税项目有以下几种：税额低于 50 元人民币的货物；没有商业价值的货品样板；国际组织或外国政府赠送的物资；出入境运输工具运载的途中必需的食用品、燃料、物料；在海关放行出境之前遭受损坏的货物（此项属于可减免关税）。

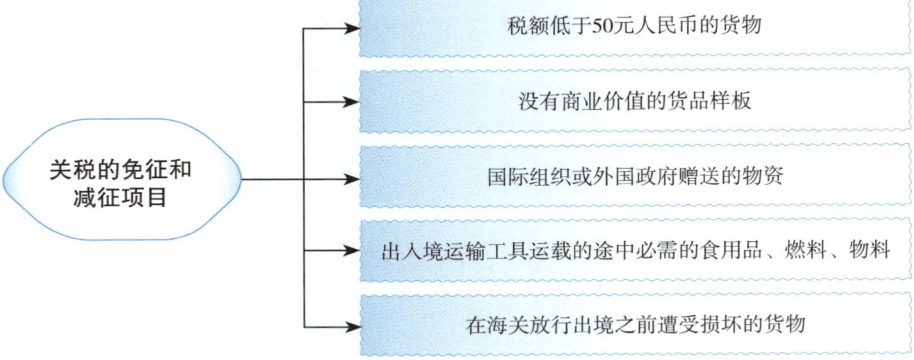

◆ **关税退税**

对于已征收进口关税的商品，因质量、规格不合格原样退货动出境外的；

对于已征收出口关税的商品，由于质量规格不合格，原样退回境内并完成因退回环节相关税收的；

对于已征收出口关税的商品，因其他原因没有装运出口申报退税的。对于以上情况，纳税人可以在规定期限内申请退税，并提交相关资料。

◆ **关税的纳税义务人**

关税的纳税义务人包括以下几种。

情 形	缴纳关税负责人
进口货物、出口货物、入境物品	分别为收货人、发货人、入境物品的所有人
从中国境外采购进口的原产于中国境内的货物	采购人
由外贸企业代理出口业务	委托企业为纳税人、外贸企业
进口行李物品和邮递物品的	物品所有人、收件人或代理人

其他税种

◆ 消费税

消费税是政府向消费品征收的一种税，是在对货物普遍征收增值税的基础上，选择少数消费品再征收的一个税种，是以消费品的流转额为征税对象。

消费税是在应税消费品生产、委托加工和进口环节缴纳，之后的环节如批发或销售时，则不需再缴纳消费税，也可在批发零售环节缴纳。消费税的税款最终是由消费者承担。

消费税的纳税人主要有在我国境内生产、委托加工、零售和进口我国法律规定的应税消费品的单位和个人。

消费税是 1994 年税制改革在流转税中新设置的一个税种。

◆ 消费税的征收范围

消费税的征收范围包括以下五种类型的产品：

第一，奢侈品、非生活必需品，如贵重首饰、化妆品等；

第二，高能耗及高档消费品，如小轿车、摩托车等；

第三，不可再生和替代的资源消费品，如汽油、柴油等；

第四，过度消费会对人体、环境等造成危害的消费品，如烟、酒、鞭炮、焰火等；

第五，具有一定财政意义的产品，如汽车轮胎等。

知识拓展

我国财政部、国家税务总局于 2006 年 3 月 21 日联合发出通知，对消费税的税目、税率进行调整。调整中取消了护肤护发品的消费税，另外新增加了高档手表、游艇、高尔夫球及球具、实木地板、木制一次性筷子等项目，调整了部分项目的税率。

消费税的应税产品

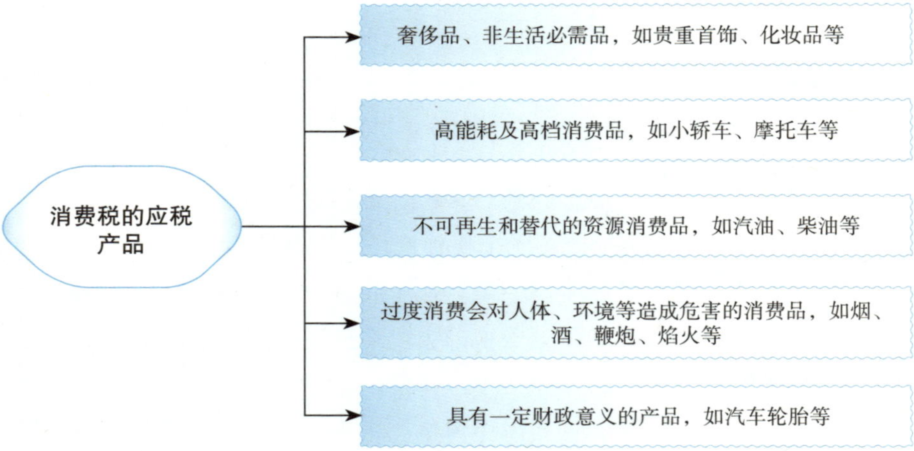
消费税的应税产品
奢侈品、非生活必需品，如贵重首饰、化妆品等
高能耗及高档消费品，如小轿车、摩托车等
不可再生和替代的资源消费品，如汽油、柴油等
过度消费会对人体、环境等造成危害的消费品，如烟、酒、鞭炮、焰火等
具有一定财政意义的产品，如汽车轮胎等

◆ 消费税的意义

消费税的意义主要有增加国家财政收入；削弱贫富差距和财富分配不公的矛盾；优化税制结构，完善流转税的体系；配合国家消费政策。

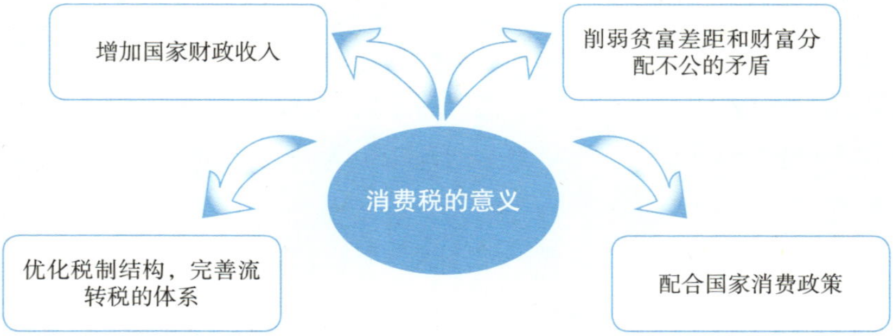
消费税的意义
增加国家财政收入
削弱贫富差距和财富分配不公的矛盾
优化税制结构，完善流转税的体系
配合国家消费政策

◆ 土地增值税

土地增值税是国家对房地产增收的税种，以土地和地上建筑物为征税对象，以土地使用权转让或出售建筑物所产生的价值增值额为征收依据。

土地增值税的纳税人为在中国境内出售或其他有偿转让土地使用权、地面建筑物的方式取得收入的单位或个人。

◆　土地增值税的征收方式

土地增值税的征收方式有两种，分别为核定征收和减去法定扣除项目金额后按四级超额累进税率征收。

核定征收是指按转让二手房产交易价格全额的 1% 征收率征收。如转让房成交价为 50 万元，那么土地增值税则为：500 000×1%=5000 元

减去法定扣除项目金额后，按四级超额累进税率征，则按增值额超过的部分乘以相对应的税率，计算出土地增值税额。

土地增值税的征收方式

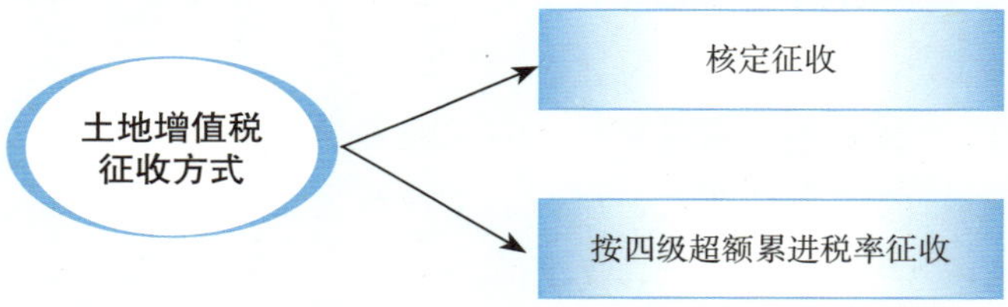

◆　土地增值税税率

土地增值税实行四级超额累进税率，如增值额未超过 50% 的部分，税率为 30%，增值额超过 200% 的部分，税率为 60%。

土地增值税实行四级超额累进税率

数级	增值额与扣除项目金额比例	税率
1	不超过 50%	30%
2	超过 50%~100% 部分	40%
3	超过 100%~200%	50%
4	超过 200% 部分	60%

◆ 土地增值税的免征

免征土地增值税的情形有以下两种，一是纳税人建造普通标准住宅出售，增值额未超过扣除项目金额的 20%；二是因国家建设需要依法征用、收回的房地产。

另外，对于隐瞒或虚报房地产成交价格的、没有如实提供扣除项目的、房地产转让价格低于房地产评估价值并且不能提供正当理由的，则按房地产评估的价值计算土地增值税的征收额。

◆ 城市维护建设税

城市维护建设税简称城建税。城建税是 1984 年工商税制改革中新设的一个税种，征收的目的是为加强城市建设、维护城市发展以及保证城市维护资金的来源。

城市维护建设税的征收对象是从事工商经营，缴纳三税（即消费税、增值税和营业税）的单位和个人。从商品生产到消费流转过程中只要是需缴纳三税中的其中一种就需同时缴纳城建税。

城建税的征收方式

城建税的纳税地点与三税的缴纳地点相同，需到经营所在地区的主管税务部门缴纳城建税；对于缴税期限，可以按规定中自行选择一个的时间为缴纳期，在预缴三税的同时，预缴相应的城建税。城建税的申报时间是在月、季度终了后与“三税”同时申报。

城市维护建设税应纳税额是以纳税人实际缴纳的增值税、消费税、营业税税额为计税依据。

城建税的计算公式：

应纳税额 =（增值税 + 消费税 + 营业税）× 适用税率。

某企业2010年10月计算当月应交的增值税为10 000元。该企业经营所在地为城市，那么计算当月应纳城市维护建设税则为：
应纳城建税额＝10 000×7%＝700元

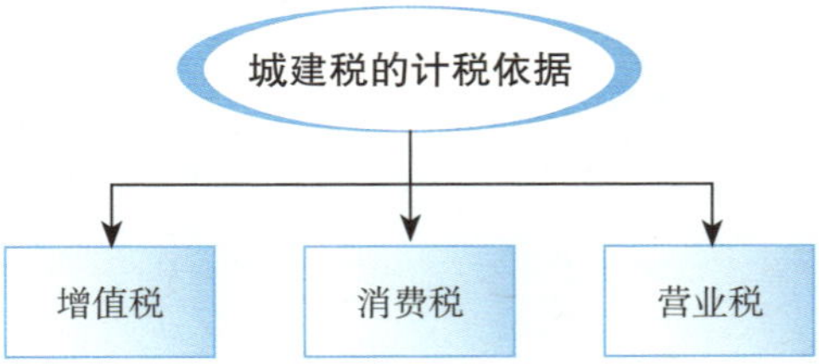

城建税的税率因地区的不同税率也不同，主要是根据城市维护建设所需的资金不同分别设置的，按纳税人所在行政区域分别规定不同的比例税率。纳税人经营所在地在市区的，税率为7%；纳税人经营所在地在县城、镇的税率为5%；纳税人经营所在地在乡村的，税率为1%。纳税人在外地发生缴纳增值税、消费税、营业税的，则按纳税发生地的适用税率计算征收城建税。

城建税的适用税率

纳税人经营所在地	税率
市区	7%
县城、镇	5%
乡村	1%

图示：本节小结

税种	消费税	土地增值税	城市维护建设税
定义	在对货物普遍征收增值税的基础上，选择少数消费品再征收	对房地产增收的税种	为加强城市建设、维护城市发展以及保证城市维护资金的来源而征收的税种
征收对象	消费税的税款最终是由消费者承担	土地和地上建筑物	从事工商经营，缴纳三税（即消费税、增值税和营业税）的单位和个人
征收依据	消费品的流转额	对土地使用权转让或出售建筑物所产生的价值增值额	以纳税人实际缴纳的增值税、消费税、营业税税额
纳税人	在我国境内生产、委托加工、零售和进口我国法律规定的应税消费品的单位和个人	在中国境内出售或其他有偿转让土地使用权、地面建筑物的方式取得收入的单位或个人	从商品生产到消费流转过程中只要是需缴纳三税中的其中一种就需同时缴纳城建税
影响税率的因素	消费品类型	减去法定扣除项目金额后的增值额	地区的不同

第3章

自查，搞清楚自己的税额

税务自查是企业对自身履行纳税义务的情况进行自我检查，结合企业经营的财务核算情况，查检是否有漏报应税收入、错报扣税项目、虚增抵税额或是企业应退税项有无退还等情况。税务自查是企业税务管理的一项重要内容，是老板掌握企业纳税情况的重要途径。

本章教你：

- 什么是税务自查
- 提前准备清楚账目
- 写好税务自查报告
- 部分项目的自查技巧
- 后续税务管理

什么是税务自查

税务自查是企业对自身履行纳税义务的情况进行自我检查，结合企业经营的财务核算情况，查检是否有漏报应税收入、错报扣税项目、虚增抵税额或是企业应退税项有无退还等情况。以便及时发现其中的错漏问题，纠正错漏。通过税务自查，以确定企业是否按照相关税法的规定履行纳税义务，也是企业避免和防范不必要税务风险的重要措施，提前自查税收漏洞，避免税务处罚。因此，税务自查对企业持续和稳定的经营显得尤为重要。

◆ 企业税务自查的基本内容

企业税务自查的基本内容主要有以下三个方面：检查企业对国家税收法律法规、政策的执行力度；检查企业是否依法遵守企业财税制度；检查企业生产经营管理和经济核算情况。

企业税务自查的基本内容

专家提醒

税务自查是税务检查的一种，也是为贯彻执行国家税收政策、改善企业经营管理的重要手段。

税务自查一般由税务管理局通知企业进行税务自查，自查提纲由税务局拟定，企业根据提纲要求展开自查。

◆ 税务自查的操作流程

税务自查的操作流程具体是：

步骤一，对企业基本情况的概述；

步骤二，规划和安排税务自查工作的方案；

步骤三，检查企业税务计提和实际缴纳情况；

步骤四，通过自查发现企业存在的税务问题；

步骤五，针对问题采取相关措施进行改进和提出完善建议。

税务自查的操作流程

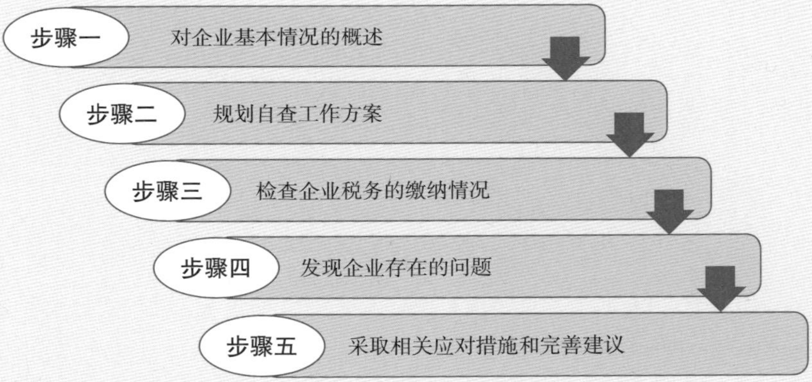
步骤一
对企业基本情况的概述
步骤二
规划自查工作方案
步骤三
检查企业税务的缴纳情况
步骤四
发现企业存在的问题
步骤五
采取相关应对措施和完善建议

◆ 税务自查的处理

自查结束后，稽查局将对企业自查情况逐户梳理，开展自查审核评价，并根据审核情况区别对待：对自查中发现的问题，只补缴税款，加收滞纳金，从轻、减轻或免于处罚；对自查不到位、应付性自查或者存在重大疑点的企业，则从严进行实地稽查，切实起到震慑和警示效果。

◆ 企业税务自查的形式

企业税务自查的形式主要有三种，分别是日常纳税自查、专项稽查前的税务自查、汇算清缴中的税务自查。

企业税务自查的形式

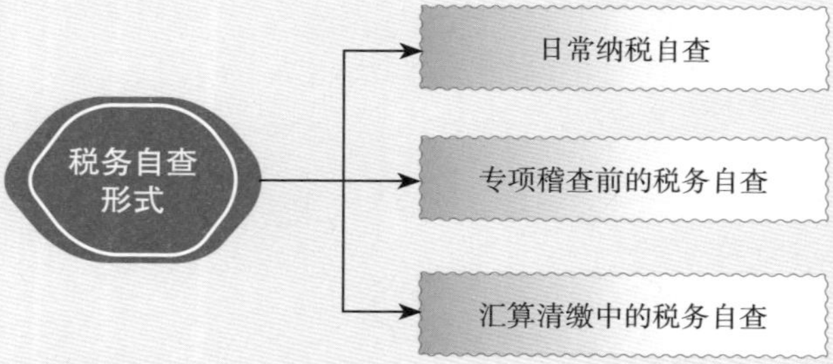

日常纳税自查

日常纳税自查主要是对企业税务登记、纳税申报、税款缴纳、发票的领用和使用情况以及其他财务会计资料的涉税情况的完成情况进行检查。企业可以按照税法相关规定自行检查，也可以委托注册税务师代理检查。检查过程中如遇到疑难问题，可向主管税务机关咨询解决。

企业进行税务自查时还要检查作为纳税人的权益是否得到合理保障，如是否有多缴纳税款或是应该退回的税款有没退等情况。

企业自查的作用是及时发现和解决税务漏洞，避免被税务机关稽查发现纳税漏洞，追究企业的经济责任。

专项稽查前的税务自查

税务机关往往会不定期对企业税务进行稽查，有时候是对一些企业进行某个特定方面的专项稽查。如企业所得税稽查、发票稽查、医药生产的专项检查等。这时企业可根据国家税收专项检查工作规定的重点稽查项目和稽查方向进行自查，以便应对税务人员的稽查。

汇算清缴中的税务自查

汇算清缴中的税务自查通常是对企业全年纳税情况进行一次全面的检查。一般来说，汇算清缴中的税务查检，重点需要注意的部分是企业所得税收入与增值税申报的收入总额的对比关系。企业还可以通过了解关于以往税务检查、会计师事务所的审计报告等分析企业可能涉及的税务问题。

◆ 企业如何税务自查

做好税务自查可以从两个方面进行，其一是定期自查企业的税务和财务；其二是在年度结账前自查公司税务。

企业通过定期自查，可以提前发现企业存在的税务问题。自查包括对企业销售、采购、收付款的业务流程，以及发票的真实性、个人所得税、印花税等涉税项目的检查。只有提前发现问题才能对税务风险进行控制和降低风险。

在年度结账前自查公司税务，即企业在年度结束前对企业本年度发生的各项费用进行审核。如折旧费、差旅费、广告费、三项经费、利息支出、坏账损失以及其他费用。这样可以对本企业整体的财务税务状况有一个系统了解，检查并且发现问题。在实际操作中，很多企业因没有进行年度审核，而导致企业需多缴税的案例非常多。由此可见，年终自检对于企业来说是很有必要的程序。

企业如何做好税务自查

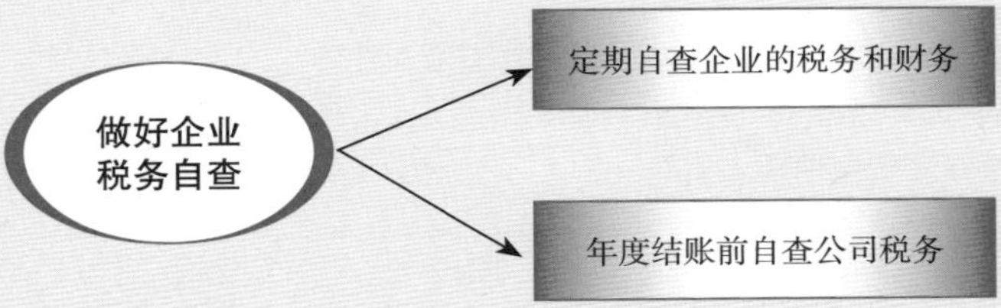

◆ 企业如何做好税务的自查自纠

税务机关在检查企业之前，往往先要求企业做自查自纠。相对来说，自查自纠出的问题与被税务局查出问题来，性质有很大区别。所以，能不能做好自查自纠对企业来说是很重要的。企业点多面广、涉及税种多、项目计算繁杂，该如何进行自查自纠呢？

第一，企业要详细对照各种税收法律和条例，将每一个经营项目涉及的税种逐个进行排列；对照适用税收法律和条例的税率，尽可能准确计算应纳税额，并按税法和条例规定按时申报，及时清缴入库。同时，财务人员要努力学习税法和条例，特别要注意容易疏漏的环节，如印花税轻税重罚、折旧年限及摊销年限在税法和条例上是如何规定的等；若遇到特殊税务问题，最好能及时与税务机关沟通，确保税法和条例得到认真执行。

第二，企业要认真整理涉税资料，自觉接受税务机关的检查。税务机关对企业纳税情况进行的检查，是正常的执法行为，是不付咨询费的极好的咨询机会。作为被检查单位，积极支持和配合检查是企业应履行的义务。

第三，在接受检查中，企业应该充分认识到抓好会计凭证、会计账簿、会计报表，申报纳税资料的整理、装订、标识、保管等基础工作特别重要，它们是税务检查人员的主要检查内容。即使在处理日常工作，也要重视抓好以上工作，这样既节约了检查时间，又提高了检查质量，同时也提高了企业财务人员对税收业务的处理能力。

税务自查的要点

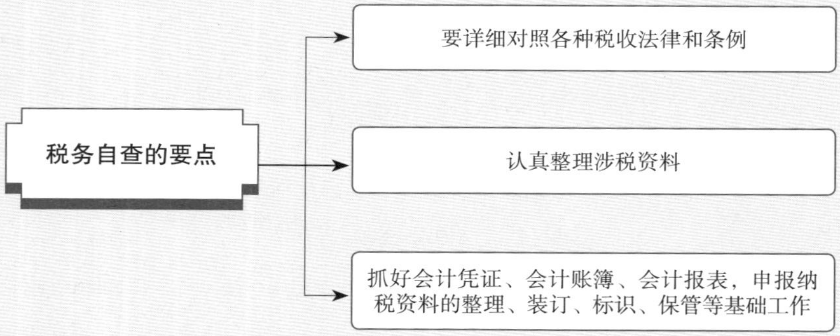

◆ 税务自查的着手点

企业在接受税务机关检查之前，应从以下几个方面着手进行自查自纠。

一是主营业务收入的自查。

企业要对“主营业务收入”等收入类明细账与营业税纳税申报表及有关发票、收款单据、工程决算书等原始凭证进行详细核对，检查一下已实现的工程结算收入是否及时足额纳税。

二是往来账户的自查。

企业要详细检查有没有将已完工工程的收入挂在“预收账款”或“应收

账款”账上，而不结转“主营业务收入”，低报工程进度或漏报工程项目。

三是纳税义务时间的自查。

企业应结合税法中对纳税义务发生时间的规定，检查一下有没有推迟确认纳税义务。自查时，应将“主营业务收入”“应付账款”“预收账款”等明细账与建筑安装工程合同对照审核，看看有没有不按工程合同规定的价款结算办法确认收入实现时间，延迟缴纳税款的问题。

四是包工不包料建筑工程的自查。

企业有没有只按人工费、管理费收入作为工程价款，而将所耗的材料价款剔除在外的情况。对这类问题的自查要重点核对“主营业务收入”账户 。

五是提供劳务换取货物的自查。

要是企业存在以提供劳务换取货物的情况，应审查有没有不通过正常的“主营业务收入”申报纳税的现象。

六是价外费用的自查。

要是企业有收取价外费用，可通过核对结算单据和有关账户进行自查，看是否存在将收取的价外费用直接冲减了“财务费用”账而不计入营业收入的问题，如有，就及时纠正过来。

七是其他业务收入的自查。

企业的其他业务收入包括劳务收入、机械作业收入、材料转让收入、无形资产转让收入、固定资产出租收入和多种经营收入等。

第一，对其他业务收入的自查要注意企业有没有因错划征税范围而导致计税依据和税率运用错误的问题，如取得房屋出租收入按“建筑业”3% 税率缴纳营业税，而未按“服务业—租赁业”5% 税率缴纳营业税。

第二，要注意企业有没有以收入直接冲减成本费用的问题，如在取得其他业务收人时，不通过“其他业务收入”科目核算，而是直接冲减成本类账户。

第三，要注意企业有没有取得收入不申报纳税问题，如取得其他业务收入时通过“其他业务收入”账户，只按“工程结算收入”申报缴纳税款，而对“其他业务收入”不履行纳税义务。

八是印花税的自查。

企业签订的不动产转移书据、租赁合同、购销合同、建安合同以及视同合同的有关票据、账簿资金等是否按规定申报缴纳印花税。

税务自查的着手点

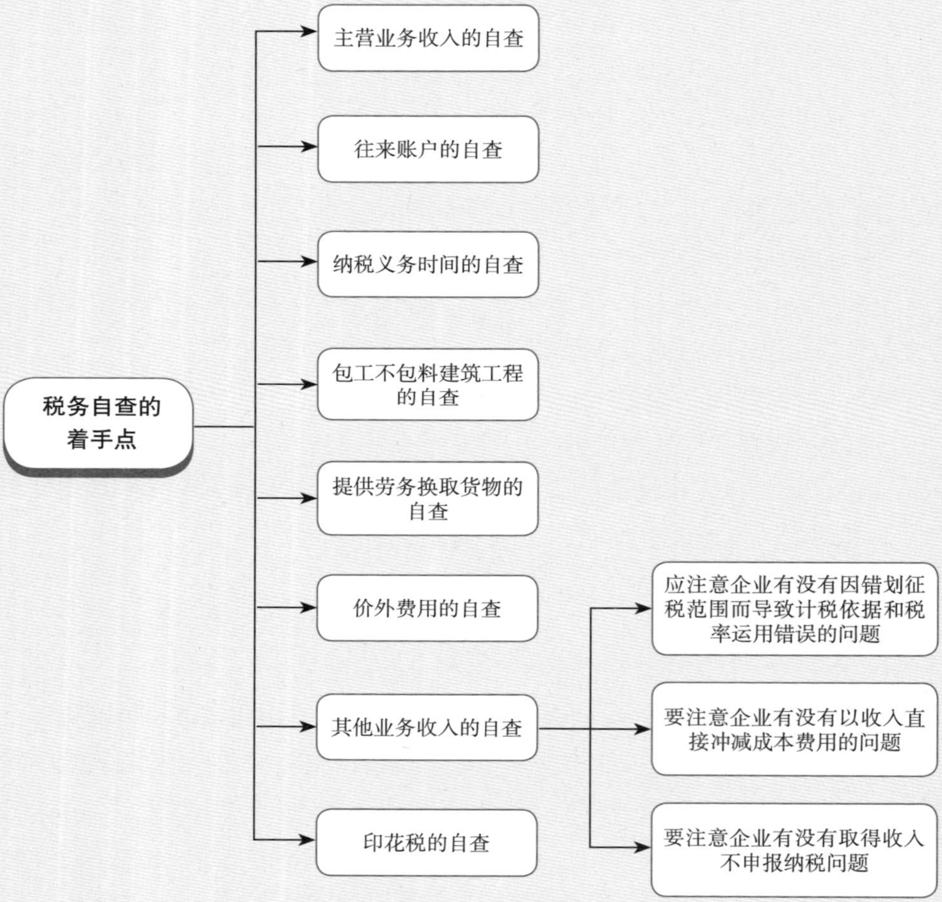
税务自查的着手点
主营业务收入的自查
往来账户的自查
纳税义务时间的自查
包工不包料建筑工程的自查
提供劳务换取货物的自查
价外费用的自查
其他业务收入的自查
印花税的自查
应注意企业有没有因错划征税范围而导致计税依据和税率运用错误的问题
要注意企业有没有以收入直接冲减成本费用的问题
要注意企业有没有取得收入不申报纳税问题

提前准备清楚账目

企业出现一些所谓税务上的“违规”项目（即需要做出纳税调整），其实是有其内在原因的，它往往都是生产经营的需要，这些支出不论税务上能否扣除，企业都要这么做，不可避免（如陪客户旅游、送礼品给客户、过节员工福利待遇发放、招待费的超支等），不能因为要征税，这个钱就不花了。但是，若不从内部彻底对这些项目进行合理的税务规划和标准化建设，将可能会出现每年税务稽查的大网撒下去后，网网都有鱼。因此，治标又治本才是公司税务总体安排所必须做的。

◆　**巧妙开展自查工作**

税务自查包括研究分析自查提纲、掌握自查的重点和自查的组织方式（如何兼顾自查质量与效率）等，它们都是这个环节的重点。

税务自查

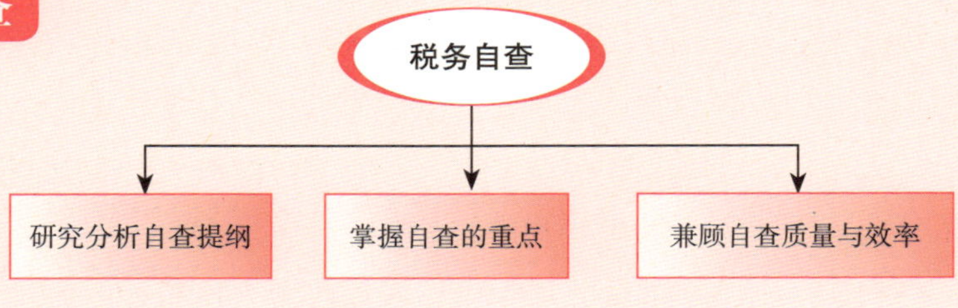

知识拓展

纳税调整是企业所得税中的概念。企业所得税是对企业所得进行课税，在计算上，税法有严格规定，与会计上的利润总额的计算有不一致的地方。因此，在计算企业应税所得时，以会计上的利润总额为基础，按照税法的规定进行调整，以计算出应税所得，并按规定计算缴纳企业所得税。这一过程就是纳税调整。纳税调整是因为会计制度和税收法规差异形成的，就是按照税法对利润所得进行调整，包括按照税法规定的工资、费用和提取的业务招待费、福利费、工会费、教育费、折旧费，不能在税前扣除的各种开支等。另外，未提取或者未提足的成本费用，可以进行调整提足。

如何理解自查提纲

一般而言，大多数企业在应对自查的准备过程中，是本着提纲中有什么就查什么，这无可厚非。但是应该注意到税务局下达的提纲中，有一些不清晰的描述，这就给企业自查带来了很大的麻烦，如何理解提纲就变得非常重要。因为判断某个项目或事项是否征税，不能仅凭它叫什么名字就确定征或不征（如对车辆补贴的征税依据、对取得假发票的补税依据、员工薪酬体系中的某些涉税事项等），这其中的原因很复杂，因此不能简单地就确定为是征税项目。一个税务政策的出台有其多方面的考虑，这其中就要从立法、执法和司法三个角度来考虑，还要从其政策性、程序性和管理性三个方面来判断。因此，人云亦云是不可取的，在准确理解税法的基础上，灵活运用税法才是根本。

纳税鉴定，很重要

在这份税务自查提纲中，所列举的项目被企业视作“宝典”，要认真遵照执行。这样做是不妥的，这其中缺少一个很重要的环节，那就是纳税鉴定，也就是说把自查提纲与税收政策以及企业发生业务的三者列举出来一一比对进行判断，然后再确定哪些是征税项目，哪些是非税项目，哪些是比较模糊的项目。如餐费就是招待费吗？我看不一定。若吃饭被当作拍电影的场景、若是某饭店出去尝菜以便能够做出更多新的菜品满足顾客的需要，那就要计入成本里；若招待活动与企业的生产经营直接相关将有可能进入企业的业务招待费这个项目，并限额扣除；若招待活动与企业的生产经营是间接关系或招待家人，则将不被计入成本里，就要收个人所得税。所以任何一个涉税事项的判断都是一个比较复杂的过程，是对多种元素的综合分析才能得出的，切不可妄下结论。

中介服务，并不是万能的

为了应对税务自查，有的企业采取了购买中介服务的做法，委托有资质的税务中介机构协助自查，这是一个选择，但是，切记：中介服务，可不是万能的！这样做的后果，可能导致中介机构为了规避自身的风险，将一些不该交税的项目也计算在自查补税的项目里，造成了企业既付出了中介费，又多缴纳了税款及滞纳金，造成双重损失。

自己动手，也并非丰衣足食

有的企业完全自己动手，由公司本身的财务（税务）部牵头组织自查，这样做的好处是：避免家丑外扬。但这其中也有同样的问题，那就是——倾向于规避个人的自身风险，他们更多的担心是，自查结果没有取得税务稽查部门的认可，而招徕税务复查，所以对自查项目中政策的掌握也是偏严格的。

写好税务自查报告

税务自查报告是税务机关要求企业对自查情况，或是税务机关认为有问题的事项，用文书的方式做一个具体的说明。自查报告质量的好坏对企业能否过关起到决定性的作用。如果报告写得含糊、潦草又不专业，则有可能被税务机关认为不积极配合他们的检查工作，可能会给企业带来不良的后果。所以，写一份有说服力、专业的、人性化的检查报告非常重要。

◆ 税务自查报告的结构

税务自查报告可以分为以下三个部分。

第一部分，介绍企业的基本情况，公司成立日期、法人代表、经营地址、注册资金、经营范围以及自查的期限。

第二部分，说明企业税负的情况，包括企业前三个月收入、税金、支出等企业情况，然后解释税负的原因，全年收入税负高或低。税负的高低受行业因素影响很大，不同行业税负不同。影响税负的因素有多种，如产品积压、销售情况不好、季节或市场影响等。

第三部分，如何解决税负低的情况，如扩大销售、提高产品质量、减少库存等。解释时要注意的是，要根据企业的实际情况和经营特点进行解释说

专家提醒

自查报告大致可按以下步骤写作。

1. 企业基本情况
2. 税务自查工作如何安排并落实的
3. 公司财务情况及税收计提与实际缴纳的情况
4. 通过自查发现的问题
5. 采取何种措施和改进建议

明，千万不要为了解释而解释，如果书面解释不合理就有可能被税务稽查部门进一步检查！

企业税务自查报告范文

税务自查报告

北京××贸易有限公司

2010年度自查报告

我公司于2010年4月30日对公司2010年1月—2010年3月的账务进行了自查，现将清查的情况汇报如下，由于时间仓促，汇报的内容难免有所遗漏，如有不妥，请理解和指正，谢谢。

纳税人名称：北京××贸易有限公司

纳税人识别号：11010667821××××

经济类型：其他有限责任公司

法人代表：张三

检查时限：2010年1月1日—2010年3月31日

一、企业基本情况

我公司系私营企业

经营地址：北京市海淀区中关村××号

主营：批发零售服装、服饰、鞋帽、皮革制品

负责人：张三

二、流转税

1.增值税：2010年一季度我公司实现主营业务收入250万元，上缴增值税22 018元，其中包括缴纳2009年度增值税5860元。通过对本公司2010年1月1日至2010年3月31日的账务进行自查，没有发现低开发票或者延期开发票的情况，也没有故意逃税、漏税或者偷税的情况。

2.城市维护建设税：我公司2010年上缴城市维护建设税1569元，包括上年度城市维护建设税568元。

3.教育费附加：我公司2010年上缴教育费附加756 元，其中包括上年度教育费附加250元。

4.地方教育费附加：我公司2010年上缴地方教育费附加 462元，其中包括上年度地方教育费附加180元。

三、地方各税

1.个人所得税：我公司职工10人，2010年工资支出80 562元， 2010年3个月共缴纳个人所得税320元。

2.土地使用税：421元。

四、发票使用情况

2010年一季度我公司开具了20份发票。

按发票的领购、保管、填开、取得等方面认真仔细地进行了2010年一季度的发票使用情况自查，没有发现低于成本价开发票的情况，没有延期开发票的情况，也没有白条、收据、不符合规定的发票等。

北京××贸易公司

2010.4.30

部分项目的自查技巧

◆ 主要的自查税种

税务自查中最主要的自查税种有增值税自查、营业税自查、企业所得税自查和个人所得税自查。

◆ 增值税自查

增值税自查主要是对进项税额和销项税额的检查，首先是检查是否有遗漏、错记的项目；然后是查看计税依据的确定是否正确；再次是检查适用税率是否用错。

1. 是否有遗漏、错记的项目。

2. 计税依据的确定是否正确。

检查计税是否正确是指企业对于销售货物、应税劳务、补贴、包装费、向买方收取的手续费、代垫费用等各种价外收费是否按规定计入销售额计算销项税额。如企业以货物偿还债务的，有没有按货物销售计算销项税额；对于已实现的销售、劳务、加工修理等收入是否挂在往来账户上，而没有计算销项税额等。

主要的自查税种

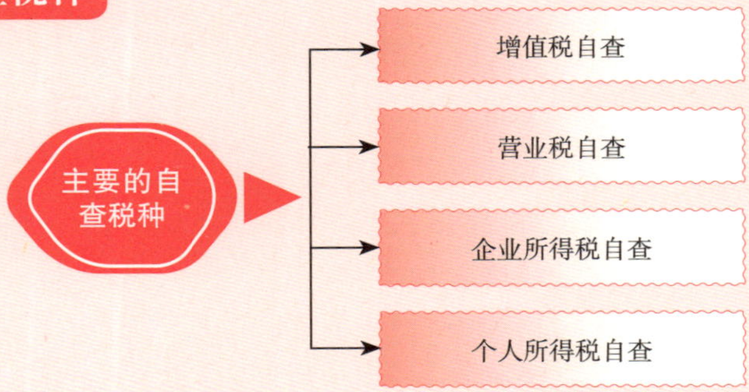

进项税额检查错漏主要方面

	项目	错漏检查
进项税额检查错漏	增值税范围的销售项目	是否已经全部纳入了计税项目
	代销委托他人代为销售的货物	是否已经计算销项税额
	用于固定资产在建工程投资、分配股利、捐赠等非应税项目不属于计算销项税额的范畴	是否将其错计为当天的销项税额
	应计入增值税的混合销售行为	是否计算销项
	对一些不经常发生增值税应税行为的提供加工、修理修配应税劳务及进口货物	有无少计销项税额等内容

3. 适用税率自查。

对于已计算完成的税额，检查有无出现用错税率的情况，如对于税率17% 的货物，在计算销项税额时按低税率 13% 计算；提供加工、修理修配应税劳务，有无按低税率 13% 或小规模纳税人 6% 征收率计算销项税额等。

增值税自查的主要项目

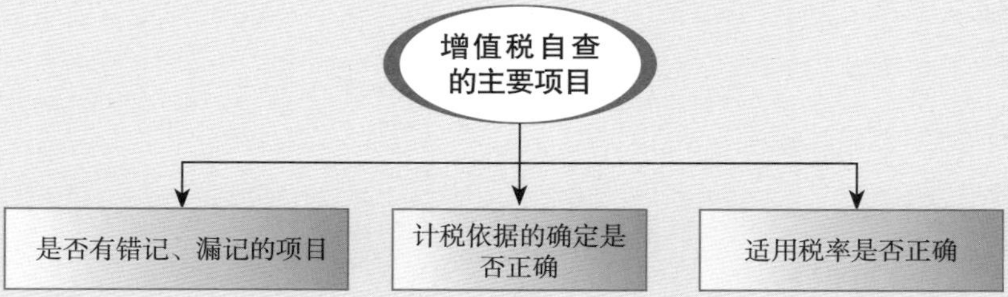
增值税自查的主要项目
是否有错记、漏记的项目
计税依据的确定是否正确
适用税率是否正确

销项税额的检查

销项税额的检查主要包括以下方面。

企业的销售收入入账情况是否完整及时、有没有存在货物交易而未记收入，或以货抵债收入未记收入之类的情况；

是否有需要缴增值税的项目按营业税缴纳了；不需开发票的项目是否全部入账而且申报纳税了；

按规定应征收增值税的代购货物、代理进口货物等行为，是否缴纳了增值税等。

◆ 营业税自查

营业税自查的项目主要是：营业收入是否完整及时入账、是否有税法规定需缴纳营业税的而未履行扣缴义务的；关联企业间提供劳务、转让不动产等价格偏低却无正当理由，报税时也没做调整的。

营业税自查的主要项目

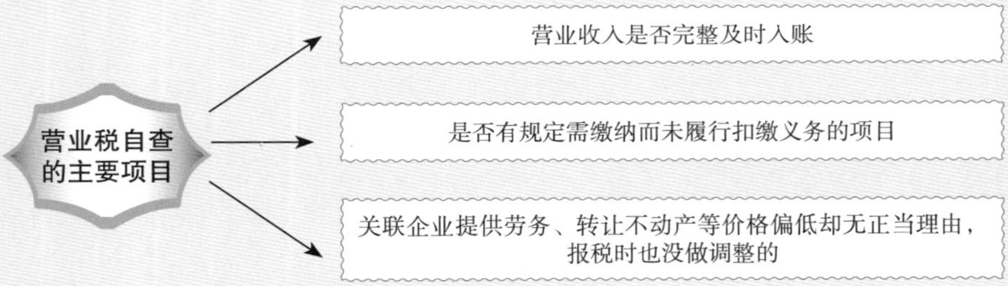

知识拓展

现行税法规定：营业税纳税义务发生时间为纳税人提供应税劳务、转让无形资产或者销售不动产并收讫营业收入款项或者取得索取营业收入款项凭据的当天。即纳税人发生纳税义务必须同时具备两个条件：一是有提供应税劳务或销售转让不动产等应税行为；二是已经收取价款或取得索取价款的凭据。

营业收入入账的检查

检查营业收入入账是否完整及时，应对以下情况做重点检查。

现金收入不按规定入账的；销售货物不开具发票，相应的收入也没有按规定入账的；向买方收取价外收费没有依法纳税的；用资产或劳务抵债的未计入应税的；不按规定时间确认营业收入，延迟纳税义务的。

◆　企业所得税自查

自查各项应税收入是否全部按税法规定缴税，各项资本费用是否按照所得税税前扣除办法的规定税前列支。具体自查项目应至少涵盖以下问题。

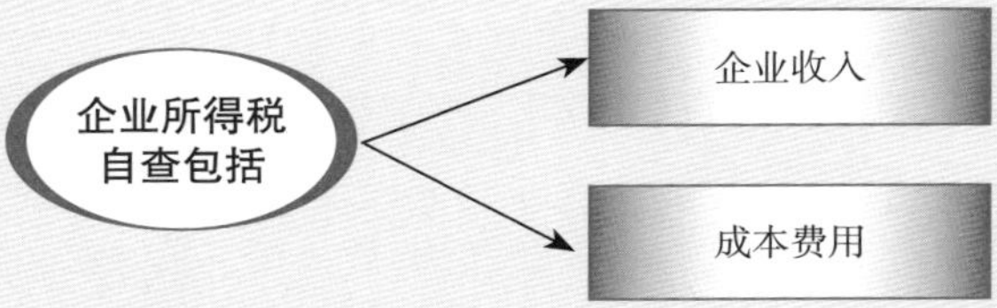

企业收入的自查需注意的项目

企业收入的自查需注意的项目	企业取得的各项收入是否有未确认计税的
	企业是否存在利用往来账户延迟收入的确认，操控企业利润
	企业资产评估增值是否有计入应纳所得税额
	企业在异地投资获得收益，未按地区差额补缴企业所得税
	企业接受捐赠的资产，未计入应纳所得额的
	取得各项补贴或税务减免，未按规定计入应纳所得税额
	存在视同销售行为，却纳入计税

成本费用的自查需注意的项目

成本费用的自查需注意的项目	
用于列支成本费用的凭证、发票是否有不符合规定的	
是否存在利用虚开发票的方式虚增企业成本支出	
是否存在利用虚开发票或虚列人工费等虚增成本	
是否存在使用不符合税法规定的发票及凭证，列支成本费用	
是否存在将资本性支出一次计入成本费用	在成本费用中一次性列支达到固定资产标准的物品未进行纳税调整
	达到无形资产标准的管理系统软件，在营业费用中一次性列支，未进行纳税调整
内资企业的工资费用是否按计税工资的标准计算扣除；是否存在工效挂钩的工资基数不报税务机关备案确认，提取数大于实发数	
是否存在计提的职工福利费、工会经费和职工教育经费超过计税标准，未进行纳税调整	
是否存在计提的基本养老保险、基本医疗保险、失业保险和职工住房公积金超过计税标准，未进行纳税调整	
是否存在计提的补充养老保险、补充医疗保险、年金等超过计税标准，未进行纳税调整	
是否存在擅自改变成本计价方法，以调节利润	
是否存在超标准计提固定资产折旧和无形资产摊销	计提折旧时固定资产残值率低于税法规定的残值率或电子类设备折旧年限与税收规定有差异的，未进行纳税调整
	计提固定资产折旧和无形资产摊销年限与税收规定有差异的部分，是否进行了纳税调整
是否存在超标准列支业务宣传费、业务招待费和广告费	
是否存在擅自扩大技术开发费用的列支范围，享受税收优惠	
专项基金是否按照规定提取和使用	
是否存在企业之间支付的管理费、企业内营业机构之间支付的租金和特许权使用费进行税前扣除	
是否存在夸大计提范围，多计提不符合规定的准备金，未进行纳税调整	
是否存在从非金融机构借款利息支出超过按照金融机构同期贷款利率计算的数额，未进行纳税调整	
企业从关联方借款金额超过注册资金 50% 的，超过部分的利息支出是否在税前扣除	
是否存在已做损失处理的资产，部分或全部收回的，未进行纳税调整；是否存在自然灾害或意外事故损失有补偿的部分，未进行纳税调整	
是否存在开办费摊销期限与税法不一致的，未进行纳税调整	
是否存在不符合条件或超过标准的公益救济性捐赠，未进行纳税调整	
是否存在支付给总机构的管理费无批复文件，或不按批准的比例和数额扣除，或提取后不上交的，未进行纳税调整	
是否以融资租赁方式租入固定资产，视同经营性租赁，多摊费用，未进行纳税调整	
是否存在与其关联企业之间的业务往来，不按照独立企业之间的业务往来收取或者支付价款、费用而减少应纳税所得额的，未进行纳税调整	

◆ 个人所得税自查

个人所得税自查是指企业以各种形式向职工发放的薪资收入是否依法缴纳个人所得税。

个人所得税自查的重点项目包括以下几个方面。

企业为职工购买的商业保险；企业为职工建立的年金；企业超标准为职工支付养老、失业和医疗保险，缴存住房公积金；以报销发票的形式向员工支付的个人收入；以非货币的形式发放给职工的个人收入等项目是否依法缴纳个人所得税。另外，车改补贴、通信补贴，除了有些地区制定了免收税补贴的，在规定标准额内的补贴不需征收个人所得税，超过规定标准额的部分则需计入当月个人收入征税；对于没有确定免征标准的，则需扣缴个人所得税。

个人所得税自查重点项目

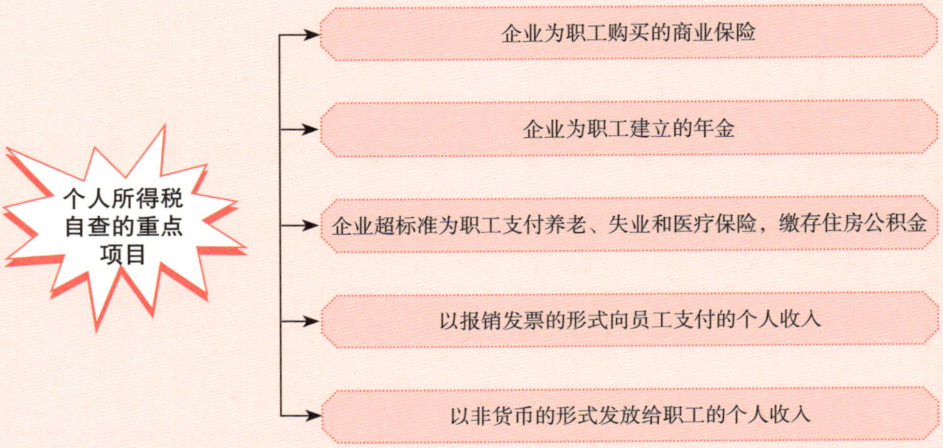

专家提醒

自查提纲是税务机关根据以往对相关行业进行检查时发现的问题进行归纳总结出来的带有普遍性的检查提纲，对每一个纳税人的自查都有指导作用。企业在自查时还应该跳出提纲，结合企业自身的实际情况来自查，这样才能最大限度地规避稽查风险。

后续税务管理

◆　加强后续税务风险管理

经过税务检查，企业不能查完就完，应该将税务稽查作为一个契机，提高企业自身税务风险管理的能力，建立一个长效机制。在公司税务管理这个层面上，不考虑其中涉税项目出现的必要性，而去过分计较其中可能出现的税务风险，这不是一个好的税务经理应该做的，公司的生产和经营决不会因为这其中的某一个项目或业务征税而停止操作，税务经理脑海中应该有一个将涉税风险外包或转移，以及一个“税务垃圾”处理的理念，才能够适应这个岗位的要求。只有将税务政策的运用巧妙地融入企业的生产经营中，进而产生出税务价值的，才是把握了这项业务的真谛。

雷区

企业经营的目的是实现利润最大化，而利润既是企业经营发展的基本保证，也是经营绩效的重要指标，这就决定了企业必然会想方设法减少成本，以获得较高的利润。企业税务会计通过后续税务管理，合理安排公司筹资、投资、经营、利润分配等财务活动，针对采购、生产经营以及内部核算等进行合理决策，利用国家法规积极税务筹划，既保证了企业完成利税义务增加自身“造血”能力，降低税收负担，又提高了税后利润，实现自身的持续健康发展。

第4章

税务筹划进行时

税务筹划其实就是节税筹划，企业在不违反相关法律、法规的情况下，为什么不运用一些方法和策略，降低税收成本呢？这在减少企业经营成本的同时，也提高了企业利润。作为老板，不应该错失提高企业利润的好机会。

本章教你：

- 税务筹划概述
- 税务筹划的动机和目的
- 避税有理有办法
- 税务代理和实施
- 企业经营中税务筹划细则

税务筹划概述

税负会增加企业的经营成本，影响企业利润的获得。因此，企业可以通过事先对涉税项目的税务筹划，运用合法的手段，尽可能减少税负的支出，以达到税负最小、企业利润最大化的目的。

税务筹划是指合法的节税筹划，是企业在不违反相关法律、法规的情况下，通过运用一些方法和策略，对企业经营活动、投资活动等事先进行税务筹划，以达到降低税收成本的做法。税务筹划属于理财行为，是企业财务管理的一种。

◆ 税务筹划需遵守的原则

税务筹划虽能给企业减少税负，使企业效益最大化，但同时也可能给企业带来税务风险。因此，企业进行税务筹划时必须遵守税务筹划的原则，即合法性原则、事前筹划原则和效益原则。

税务筹划的原则

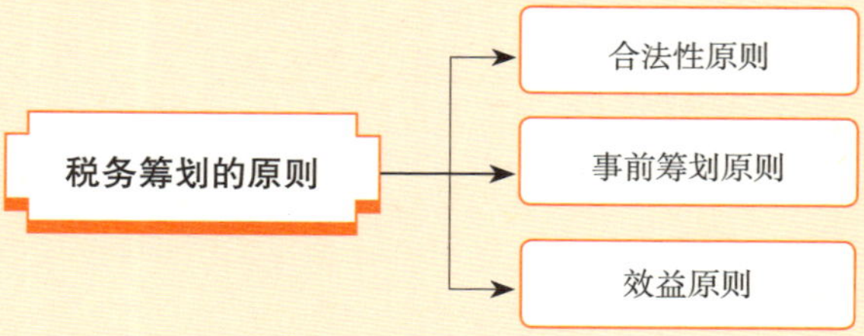

专家提醒

税务筹划的前提条件是必须符合国家法律及税收法规；税务筹划的方向应当符合税收政策法规的导向；税务筹划的发生必须是在生产经营和投资理财活动之前。

合法性原则

企业进行税务筹划时必须遵守相关法律和税法。在企业税收利益得到最大化的同时，保证税务筹划具有合法性，这是税务筹划的基本前提。

事前筹划原则

企业的税务筹划应该在纳税义务实际发生前，对有关涉税项目进行安排和规划，而非纳税义务发生时或纳税义务确定后再规划，纳税义务发生后再想办法减少缴税，则属于偷税行为而非税务筹划了。

效益原则

税务筹划的目的是为了减少企业税负，从而达到企业收益最大化。但是税务筹划也需付出一定的成本，如制定税务筹划方案、选择一个方案而放弃另一个方案的机会损失等。因此，企业决策者在选择筹划方案时，需遵守成本效益原则，保证实现税务筹划的目的。

税务筹划与偷税的区别

税务筹划与偷税有着本质上的区别。

从法律的角度上看两者的区别。偷税是一种违法行为，是指在纳税行为

税务筹划与偷税的区别

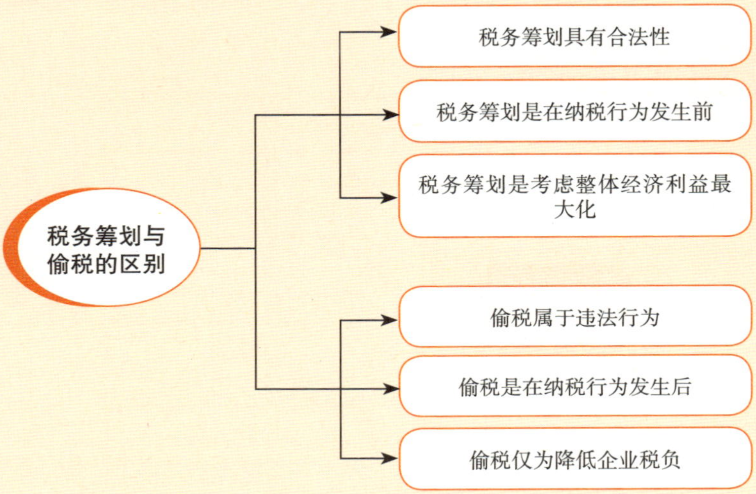
税务筹划与偷税的区别
税务筹划具有合法性
税务筹划是在纳税行为发生前
税务筹划是考虑整体经济利益最大化
偷税属于违法行为
偷税是在纳税行为发生后
偷税仅为降低企业税负

发生后，通过非法手段减少应缴税款。我国法律有明确规定，对偷税行为需追究一定的法律责任；而税务筹划是纳税人在纳税行为发生之前，通过事先对经营、投资等方面的涉税情况进行安排，从而达到减轻企业负担的目的，税务筹划所采用的方法是税法所允许的，具有一定的合法性。

从时间和方法上看，偷税是在纳税义务发生后进行的，通过非正当手段来减少企业应纳税额；而税务筹划是在纳税义务发生之前，通过对生产经营、投资等活动事前规划安排的。

从行为和目标上看，偷税的目的是为了能够少缴税，降低企业税负；而税务筹划除了考虑降低企业税负之外，还考虑企业整体经济利益的最大化。

◆ 税务筹划

税务筹划的主要内容有避税筹划、节税筹划、转嫁筹划和涉税零风险。

避税筹划是指纳税人利用税法的漏洞，在不违法的情况下，采取的税收利益筹划，不同于逃税偷税具有的违法性质。对于这种法律漏洞，国家只能靠不断完善相关律法和填补法律上的空白才能加以抑制。

节税筹划是指在不违反法律法规的前提下，充分利用税法中的优惠政策，巧妙安排企业经营活动中的涉税项目，从而达到减轻企业负担的目的。

转嫁筹划是指纳税人通过调整商品的价格，将税负转嫁给他人的行为，从而达到降低税负的目的。

涉税零风险是指纳税人在税收方面的风险接近零，或是小到可以忽略不

税务筹划的主要内容

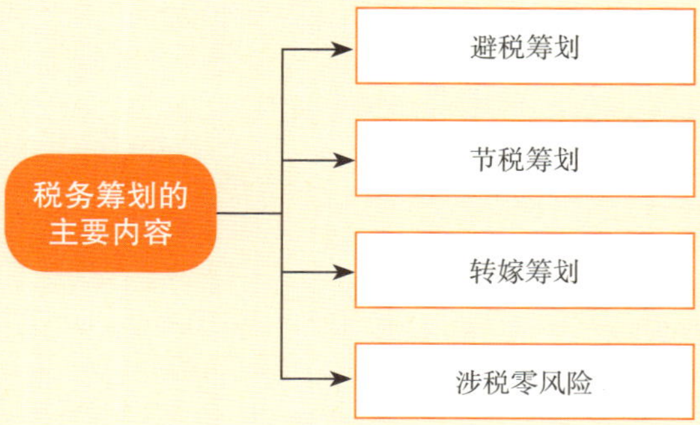

计的程度。一般是指企业能做到账目清楚、报税及时、税款缴纳及时，不存在税收方面的处罚风险，进而达到税收零风险，它有利于企业的稳定和长远发展。

税务筹划案例

甲企业属于增值税一般纳税人，2010年10月营业收入共150万元，其中机电产品销售额为95万元，农用机电产品为55万元，当月可抵进项税额为15万元。那么计算该月的增值税应纳税额通常的算法为：

150万元×17%－15万元＝10.5万元

还有一种算法是将农机产品分开核算，因为农机产品属于低档税率13%。将两者分开计算企业的增值税应纳税额将会有所差别，而正是这差别使企业可以少缴税。

95万元×17%＋55万元×13%－15万元＝8.3万元

采用第二种核算方法减少企业增值税税负10.5万元－8.3万元＝2.2万元。

税务筹划的动机和目的

税务筹划的目的主要有以下几个方面：减少企业税收负担，充分发挥资金的效益，实现税务零风险，实现经济效益最大化，维护自身合法权益。

税务筹划的目的

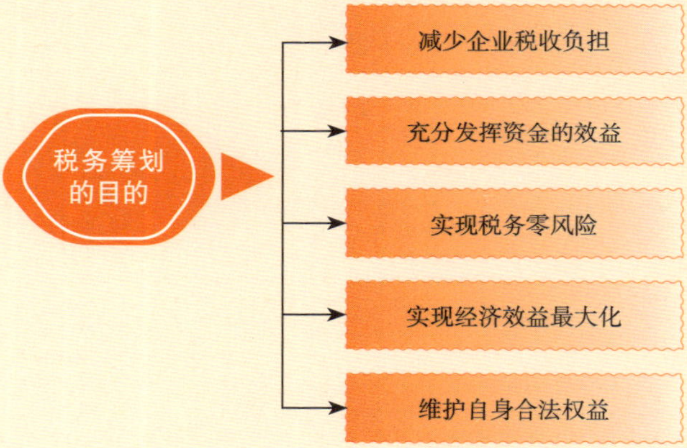

◆ 直接减轻税收负担

减轻企业税收负担是企业税务筹划的主要目标之一，减轻税收负担包括两层含义：其一是绝对减少企业应纳税额；其二是相对减少企业应纳税额。绝对减少是指以企业业绩作为税务筹划的标准，税务筹划使纳税额增减的幅度与业绩的增减幅度一致，如业绩减少而应纳税额未以相应的幅度减少，则不视作筹划成功。而相对减少，只要企业应纳税额增减的幅度小于经济增加的幅度，筹划也算是成功的。

在不考虑税务筹划本身所发生的成本费用的情况下，如果某企业生产经营的规模不变，去年的销售收入为800万元，应纳税额为30万元，而今年的销售额也是800万元，但通过税务筹划，本年度的应纳税额为25万元。在其他条件不变的前提下，企业应纳税额减少了5万元，那么该筹划案例则为成功的。

如果企业规模是去年销售收入为1000万元，今年仅为500万元，那么我们认为，企业的实际税收负担加重了。因为去年应纳税额与销售收入的比值为30%，而今年却变成了50%，企业的实际税负有所提升，那么该筹划案例是不成功的。

◆ 充分发挥资金的效益

企业税务筹划的另一个目标就是使资金的使用时间价值达到最高效益。企业可以通过一定手段延迟当期应缴税款的时间，从而为企业争取更大的资金利用效益。资金在经过一段时间的投资可增加企业的效益，因此，企业延缓缴税能使资金更多地被利用，相当于得到一笔无息贷款，减少企业的负债成本和利息负担，也使企业资金更充足、更好的投资利用，从而产生更多的利润。尤其是对于资金紧张的中小企业，这一点显得更为重要，中小企业的贷款难度和风险都较高，这笔无息资金就相对的免去了筹资活动中的一些麻烦，还可以增强企业的风险抵御能力。

◆ 实现涉税零风险

企业经过税务筹划，可以使企业账目更清晰、管理更加有条不紊，更利于企业控制成本费用和企业的健康发展，从而实现企业涉税零风险。

企业涉税零风险可以适当避免不必要的经济损失和名誉损失，税务筹划虽然不一定给企业带来直接的收益，但可以使企业避免税务机关的各种经济处罚，避免一定的损失也相当于得到了一定的经济收入。如果一家企业被税务机关认定为有偷税漏税行为，对企业形象会有一定的负面影响，该企业也将受到一定的经济处分。

◆ **追求经济效益最大化**

获取最大的经济收益是企业纳税人从事经营活动的最终目标。要使企业收益最大化，税务筹划是必不可少的环节之一。但是，企业要实现利润最大化不仅仅只是少缴纳税款。因此，企业在做税务筹划时，还应该考虑加强企业经营管理水平、改进生产技术、寻找规模经济的最佳点和获取最高利润。

专家提醒

税务筹划的目标是使纳税人的税收利益最大化，包括税负最轻、税后利润最大化、企业价值最大化，而不仅仅是指税负最轻。

合理避税有办法

合理避税是指企业或其他纳税人在法律允许的范围内，采取一些方法和手段，避免或者减轻税负的行为，以实现企业税负最低、利润最大化的目标。企业进行避税的方法和途径有多种，如偷税、避税、税务筹划等。但是偷税属于一种违法的避税方式，如果被税务机关查出往往会受到一定的处罚，而且对企业持续发展也不利；避税虽然不违反相关律法，但国家也不提倡，此方面只能使企业获得短期的利益，但不利于企业长久发展。因此，企业在进行避税的时候应选择合理、合法的避税渠道。税务筹划就属于合理避税，是国家鼓励和提倡的。税务筹划对企业自身的发展和对社会的影响也是有利的。

专家提醒

合理避税应该在纳税义务发生前进行筹划，利用税法上的一些优惠政策，通过会计处理达到避税的目的。

◆　合理避税的方法

通常，企业采用的合理避税的方法有转让定价、利用优惠政策、分摊费用和资产租赁。

合理避税的方法

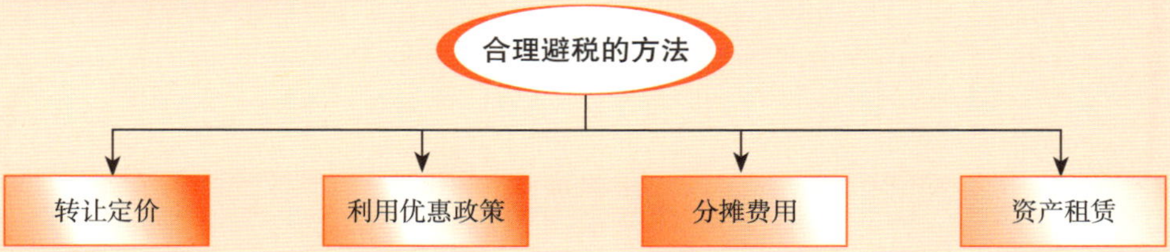

转让定价

转让定价是指在经营活动中，关联企业通过转移或分摊利润的方式，在产品交易中不按市场价格交易，而是用有利于双方的价格定价，一般是高于或低于市场价格。通常在税率高的地区采用高进低出的方式，在税率低的地区则采用低进高出的方式，以达到买卖双方企业同时少缴纳或不缴纳税款的目的。

案例：

内地某外商投资企业 M 公司年销售利润 100 万元，所得税税率 30%，应纳所得税额 30 万元。

现该公司于经济特区设立分支机构 N 公司，将货物调拨到 N 公司销售，N 公司适用所得税税率 15%。假定两公司总体销售利润总额仍为 100 万元，其中 M 公司 40 万元，N 公司 60 万元，M 公司应纳所得税额为 12 万元（40×30%），N 公司应纳所得税额为 9 万元（60×15%），较未设立分支机构进行购销活动前减轻税负 9 万元［30 －（12 ＋ 9）］。

利用优惠政策

利用国家和相关规定的优惠政策，达到企业节税的目的。我国的税收政策在不同地区、不同行业都有所不同，企业可以根据自身的情况对减少企业税负的政策加以利用。

利用优惠政策减少企业税负的主要途径有直接利用优惠政策筹划、挂靠和临界点筹划等方式。

雷区

纳税人进行合理避税已经成为企业之间共同关注的问题，随着国家税法的逐步完善，很多税法漏洞已经被修改和弥补。因此，企业进行合理避税时应具有一定的前瞻性和法律意识，跟上相关税法或政策的变化，也是保护企业自身利益的一种方式。

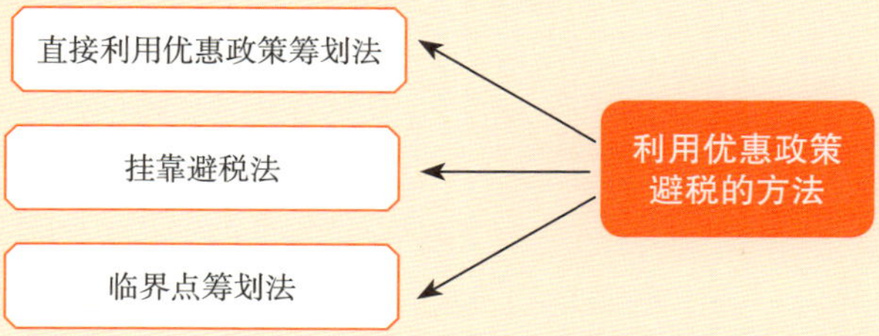

（1）直接利用优惠政策筹划。

国家规定的一些税率优惠政策，如高新技术开发区的高新技术企业所得税按15%的税率征收，新办的高新技术企业从投产年度起免征所得税2年，利用“三废”作为主要原料的企业可在5年内减征或免征所得税，企事业单位进行技术转让以及与其有关的咨询、服务、培训等减征或免征所得税的政策。企业可以利用这方面的优惠政策，享受各种税收优惠政策，最大限度地合理避税，实现利益最大化，增强企业实力。

税率优惠政策

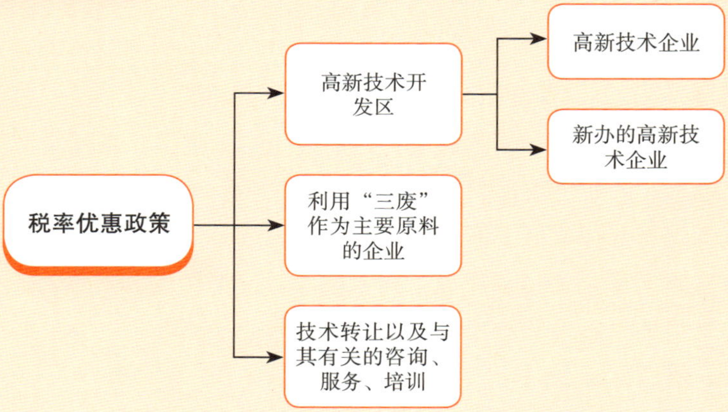

（2）挂靠避税。

挂靠避税是指在不违法的前提下通过各种手段，挂靠享受国家税收优惠的产业或企业，从而达到税收减免的一种避税方法。如挂靠科研、福利、教育、老少边穷地区等。政府为了协调地区之间经济发展的差距，在税收政策上，对于经济落后的地区制定税收优惠政策。因此，企业可以利用这些税收优惠政策进行合理避税。

（3）临界点筹划。

利用临界点筹划的成本可能较高，而且也不好把握临界的点。但是临界点的存在为企业税务筹划留有较多的空间，如个税起征点和区间。

对于小型微利企业，税率按 20% 征收，其临界点：工业类型企业的年度应纳税所得额低于 30 万元，资产总额低于 3000 万元，从业人数不超过 100 人为临界点。其他企业则年度应纳税所得额不超过 30 万元，资产总额低于 1000 万元，从业人员低于 80 人为临界点。企业把握好临界点，必要时可以拆分企业，以达到减少税负的目的。

企业纳税临界点

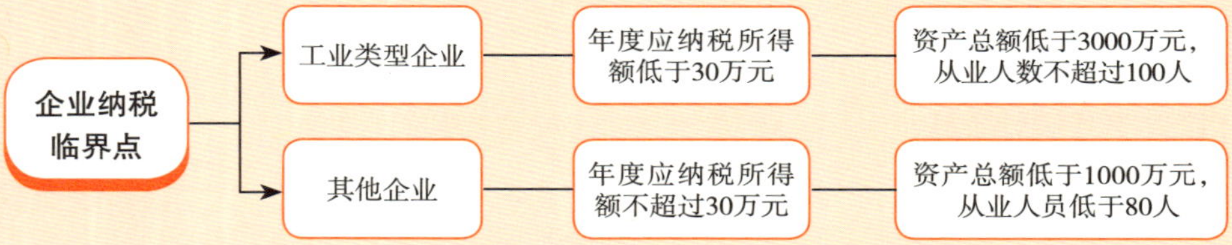

分摊费用

企业在生产过程中在保证必须支出的费用的前提下，设法最大限度地将费用摊入成本，然后使账目平衡，从而实现税务筹划的目的。

常用的费用分摊原则有实际费用分摊、不规则摊销以及平均摊销等。采用哪种方法摊销都是要尽早将费用摊入成本，使早期的成本越大，就越能够达到税务筹划的目的。哪种方法适合企业，则需根据费用发生的时间和数额计算分析，然后再确定。

常用的分摊原则

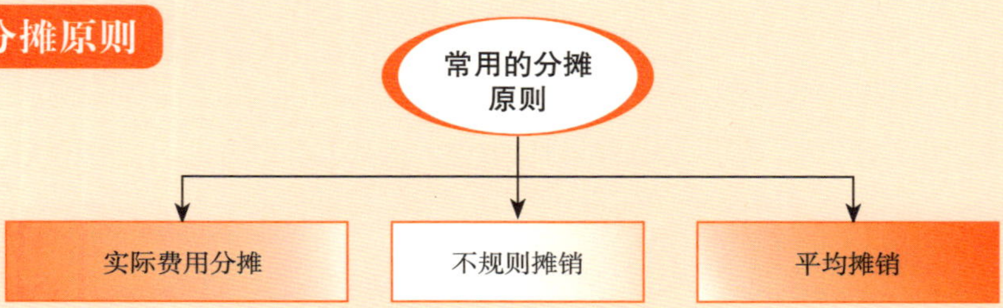

资产租赁

资产租赁是指以租赁的形式租借资产使用权，租赁方向出租方支付一定的租金费用的经济行为。对于企业而言，以租赁的形式获取大型机器设备或其他固定资产使用，可以省下一大笔的购买费用，并避免资产设备消耗减值的损失。租金是从税前利润中扣减，因此可以达到减少交缴的目的。

由于中小企业经营生存压力大，因此，通过各种手段减轻企业税负是不可避免的。但是选择避税的方法和途径一定要在不违法的前提下，才能保证企业更长久、稳健地发展。

举例：甲企业因经营困难，将厂房和设备一起出租给乙企业，双方签订一年租金共计500万元的租赁合同。那么甲企业应纳房产税为500×12%=60（万元），应纳营业税为500×5%=25（万元），共计纳税85万元。

经过税务筹划的计算方法如下

甲企业将一份合同分开为两份，一份200万元的厂租赁合同，一份300万元的设备出租合同，那么企业应纳房产税为200×12%=24（万元），应纳营业税为500×5%=25（万元），共计纳税49万元。

企业直接少缴税36万元。

税务代理和实施

◆ 税务代理

税务代理是纳税主体委托税务代理人在法定的代理范围内，依法代办各项税务事宜。税务代理人以纳税主体的名义，在委托的范围内代为办理纳税申报、缴纳、变更、注销税务登记、代理记账、税务筹划等税务事项。

◆ 税务代理的业务范围

税务代理的业务范围具体包括申办、变更、注销税务登记；申报纳税、扣缴税款；申请减税、免税、退税、补税和延期缴税；税务检查；涉税文书制作；购买发票；代理记账；税务咨询、培训；担任税务顾问；以及其他涉税事项等。

税务代理的业务范围

税务代理的业务范围

- 申办、变更、注销税务登记
- 申报纳税、扣缴税款
- 购买发票
- 税务检查
- 代理记账
- 申请减、免、退、补税和延期缴税
- 税务咨询、培训
- 担任税务顾问
- 涉税文书制作
- 其他涉税事项

知识拓展

税务代理人的产生

随着国家税法的逐渐完善和税收征收的加强，履行纳税义务是企业和其他纳税人必须承担的法律责任。涉税事宜处理不当会导致企业发生纳税风险。因此，税收管理是企业不可忽视的一个问题。但对于繁杂的税收制度，没有具备丰富的财务税收管理经验的人是很难了解和掌握的。因此，产生了介于企业和税务机关之外的第三方税务代理人。

税务代理在纳税征收管理中的主要作用

税务代理是独立于税务机关与纳税主体的第三方，税务代理既要维护国家的税收权益，也要维护纳税人的权益，进而形成税收相互制约的作用。因此，税务代理有利于依法治税和完善税收征管的机制以及维护征纳双方的合法权益。

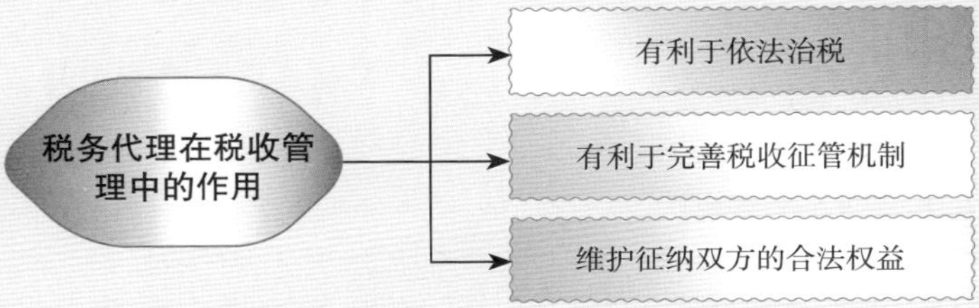

◆ 税务代理的特点

税务代理具有以下特点：自愿性、公正性、有偿性、确定性以及独立性。

自愿性

税务代理的前提是建立在双方自愿的基础上，即纳税主体是自愿委托和选择代理人代理税务事宜。如果纳税主体没有自愿委托代理机构代理税务事宜，即任何机构或个人都不能强行代理企业办理税务事宜。

公正性

税务代理人或机构是纳税人和税务机关之间的中介，不属于征纳税中的任何一方。因此，税务代理人应客观公正地实施代理行为，以服务为宗旨，正确处理和协调征纳双方的关系。税务代理的代理范围必须在法律规定的范围内，需做到公正、独立的代理税收事宜，既保护纳税人的合法权益，同时维护国家税收法的利益。

有偿性

税务代理机构并不是国家税务机关下属或附属机构，它属于私营的中介机构，所提供的服务是有偿性服务，它是通过代理行为获得利润收益的。

确定性

税务代理的业务范围是依据国家法律、税法等相关行政规章确定的，因此，税务代理人实行代理行为的业务是在一定范围内的，不能超出法律规定的范围。其代理行为也没有税务机关可以行使的权力，除了税务机关依法委托代理事项外。

独立性

税务代理机构与纳税主体和税务机关没有直接隶属关系，它独立于二者之间，既不受纳税主体左右，也不受税务行政机关管辖，因此，它是属于独立代办税务事宜。

税务代理的特点

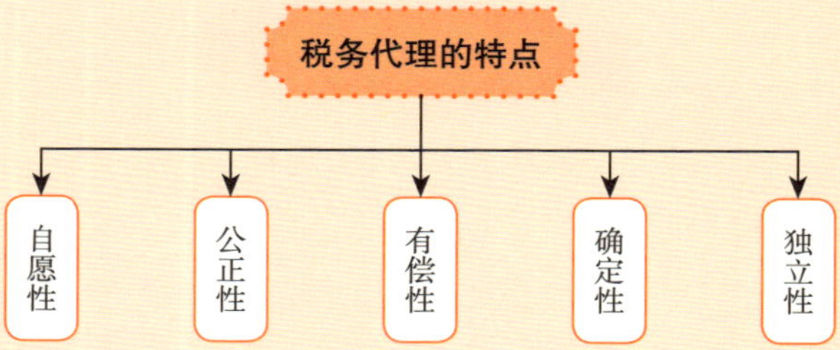

专家提醒

我国《中华人民共和国税收征收管理法》规定："纳税人、扣缴义务人可以委托税务代理人代为办理税务事宜"。税务代理在税务征收管理工作中，有利于纳税人、代理机构、税务机关三方形成相互制约以及协调征纳关系，也有利于维护纳税人的合法权益。

在涉税业务代理行为中，税务代理机构需遵循的原则是：税务代理人的代理行为是以纳税主体的名义进行的；其代理行为必须是具有法律意义的；税务代理人在代理的权限范围内有自主独立办理权利；税务代理的法律后果由纳税主体负责。

◆ 税务代理人代理的范围

纳税主体根据需要委托税务代理人代理的范围，可以是全面代理、临时代理、长期代理或单项代理。

税务代理的范围

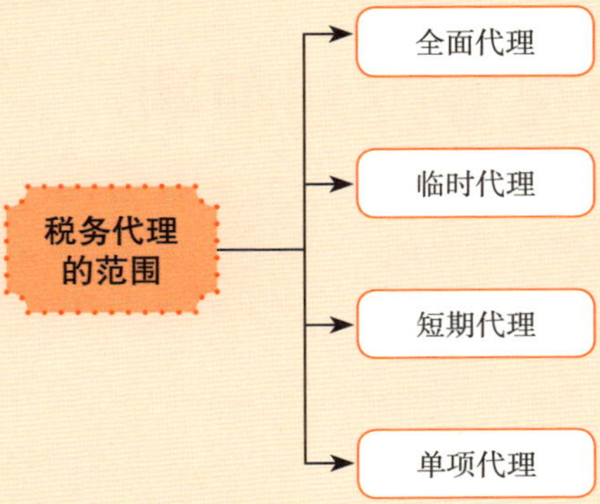

知识拓展

我国民法通则明确将代理权限分为三种，分别是委托代理、指定代理和法定代理。税务代理属于民事委托代理的范围，主要是对税务事宜进行代理的行为。因此，税务代理需经过委托人授权，才能代理其涉税业务。

企业经营中税务筹划细则

◆ 筹资过程中的税务筹划

筹集资金是企业开展一系列经营活动的前提。企业的筹资行为对企业经营有一定的影响，如筹集会影响企业资本结构的变动。资本结构是否合理，对企业经营风险的大小有重要影响，并且很大程度上决定企业的税负轻重和税后收益。企业筹集资金的渠道有很多种，因此，在选择筹资渠道时就需要进行筹资决策，选择适合企业且有利于企业的筹资方式。企业在做筹集决策的同时进行税务筹划，有利于企业降低资金成本、优化企业资金结构，从而使企业的收益增加。

企业对外筹集资金的方式一般有发行股票和债券两种。

企业发行债券所发生的利息费用和手续费支出，可以纳入企业在建工程的财务费用，而财务费用可以用于税前列支抵税，因此可以减少企业所得税的应缴税额。

企业发行股票筹集资金，支付给股东的股利是从企业的税后利润提取支付，该部分支出不能税前列支，而企业需要缴纳的所得税也就比发行债券缴纳得更多。因此，从税务筹划的角度来看，企业用发行债券的筹资方式更利于企业减少税负，实现企业利润最大化。

专家提醒

企业在进行筹资决策时，将税务筹划应用于筹资活动能使企业在确定筹资成本时，找到最佳的资本结构，这样既能达到减税的目的，又能使企业获得最大收益。

企业对外筹资方式

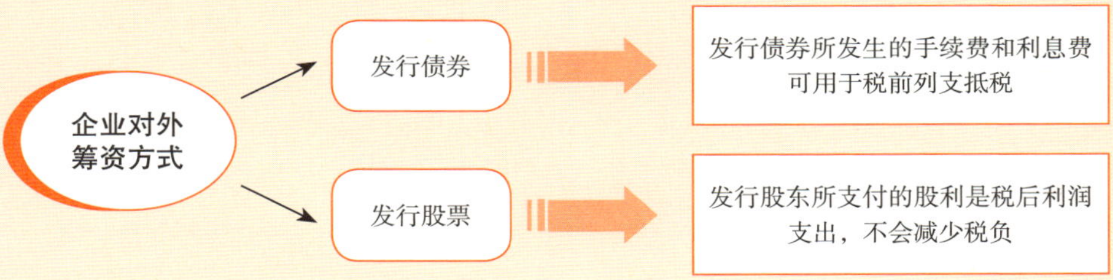
企业对外筹资方式
发行债券
发行债券所发生的手续费和利息费可用于税前列支抵税
发行股票
发行股东所支付的股利是税后利润支出，不会减少税负

◆ 投资过程中的税务筹划

投资过程中的税务筹划主要是对投资方式、投资方向、投资地点等方面的综合考虑分析，从中选择最佳的投资方案。

专家提醒

企业的税负轻重，对企业的决策影响较为重要。因此，在做投资决策时，进行税务筹划，可以使投资收益的投资成本得以控制并同时达到最佳效果。

企业的投资方式

企业的投资方式主要分为直接投资和间接投资两大类。

直接投资按投资的方向可分为对外投资和对内投资，主要是以货币资金或非货币资金（包括固定资产、无形资产等）的形式进行投资。

间接投资主要是指投票、债券以及其他金融产品的投资。我国税法对于不同投资收益的税收政策也不同。购买国家债券取得的利息收入可免征企业所得税；购买股票取得的股利收入属税后利润，不需缴税；购买企业债券取得的利息收入需缴纳所得税。

企业的投资方向

企业的投资方向可分为对外投资和对内投资两种。

企业对外投资是企业在自身经营的业务之外，以购买股票、债券、现金、无形资产的方式对境外的其他企业进行投资，对外投资是企业收益组成的一部分。

相对于对外投资的是对内投资。企业对内投资即是把资金投向企业内部，主要是对企业固定资产、无形资产和流动资产等进行投资。

企业投资方式

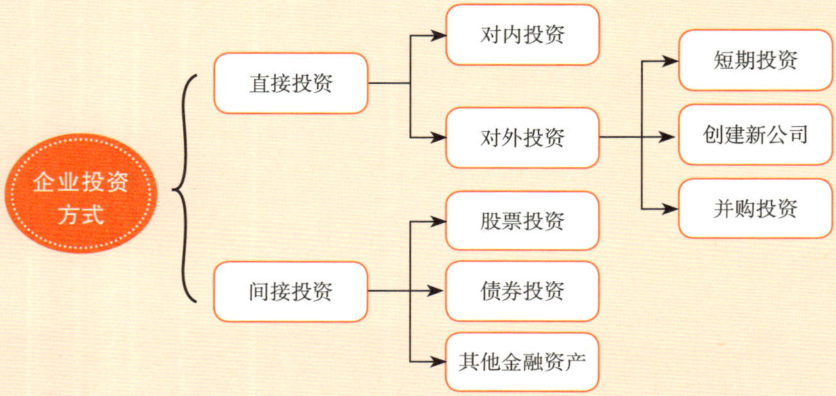

◆ 经营过程中的税务筹划

企业经营过程中的税务筹划主要是指对生产经营环节的收入、成本费用进行内部核算调整，通过有效地对经营全过程的税务筹划，使企业利润最大化、成本费用最小化，以实现企业减轻税负的目的。经营过程中的税务筹划的重点是成本费用的调整和收入的控制。经营过程中的税务筹划可以通过存货计价法、折旧方法和费用列支方面进行调整，达到税务筹划的目的。

雷区

企业以固定资产或无形资产对外投资的，需进行资产价值评估，然后以评估价值作为计税标准，如资产评估增值，需按非货币资产转让所得计算所得税；如资产评估减值的，可以确认为非货币资产转让损失，减少应纳税额。

存货计价法

存货的计价方法有先进先出法、后进先出法、加权平均法和移动平均法等。存货计价的方法不同，企业营业成本就不同，从而影响企业应税利润和应纳所得税额。

哪种计算方法有利于企业，则应根据企业的具体情况和经营环境而定。如当物价持续上涨时，选择后进先出法计算存货价格，可以使企业期末存货成本降低，销售产品的成本提高，从而减轻企业所得税负担，增加税后利润；而当物价持续下降时，选择先进先出法来计算存货价格，可以使期末存货价值较低，销售成本增加，从而减少企业的应税所得，达到税负减少的目的；如果市场上物价波动较大的情况下，选择加权平均法或移动平均法，可避免利润的变动，使企业计算应税所得变动较小，从而降低企业资金安排利用的难度。

存货计价的方法和选择

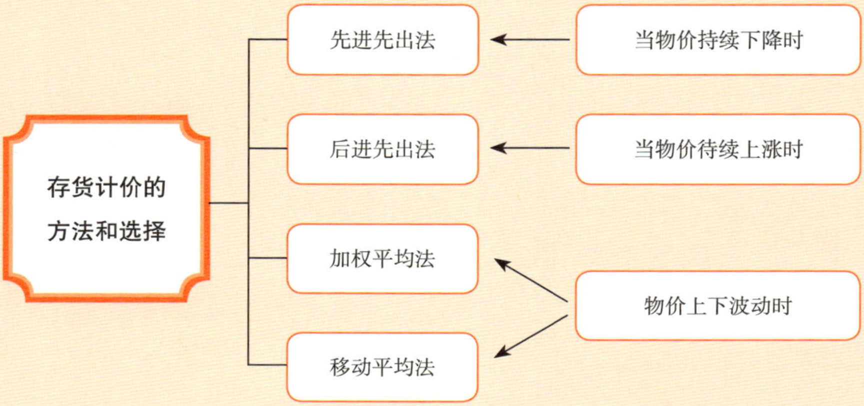

折旧方法的选择与税务筹划

折旧是指一定时期内对企业固定资产的损耗按照规定的折旧率计提固定资产折旧。固定资产的折旧方法有工作量法、平均年限法、双倍余额递减法和年数总和法等。企业提取折旧需要计入期间的成本费用里，因此会影响企业当期的成本费用的高低，从而影响企业利润的应纳所得税额的多少。

企业在计算固定资产折旧时选择对企业的固定资产折旧年限来计提，这样可以达到为企业节税的目的，在减少企业税负成本的同时增加企业的资本积累。如用年数总和法和双倍余额递减法计提折旧，这样会使企业固定资产前期提取的折旧较多，从而起到减少缴纳所得税或延迟纳税的作用。延迟纳税对于企业来说，相当于得到一笔免息贷款，减少了企业资金的成本。

折旧的计提方法

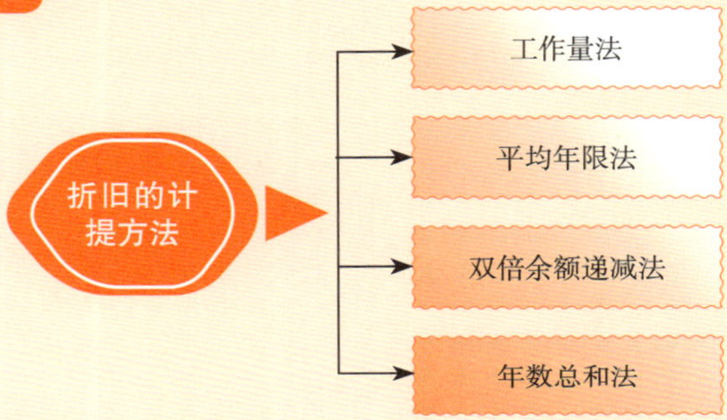

费用列支的选择与税务筹划

企业费用的列支，在税法允许的范围内，应尽可能地列支当期费用和预计损失，降低应缴所得税和延缓纳税时间，从而使企业获得利益。

如对已发生费用及时核销入账，已发生的坏账、存货盘亏、毁损可以合理列支的部分及时列作费用；成本费用的摊销期尽量缩短，使前期的费用增大，以延迟纳税时间等。

能够合理预计发生额的费用、损失，采用预提方式及时入账，如业务招待费、公益救济性捐赠等应准确掌握允许列支的限额，将限额以内的部分充分列支等。

专家提醒

不同的折旧计算方法对企业的成本利润以及应纳税额有不同的影响，所以企业在选择折旧时的计算方法非常重要。

第5章

税务风险以及规避

对于企业来说，税务风险往往给企业带来的不仅仅是经济上的损失，法律处罚更会使企业商誉受损。如何提高企业长期的经济效益，管理和规避企业的税务风险，是每一个老板都应该考虑的问题。

本章教你：

- ▶ 可怕的税务风险
- ▶ 税务风险控制
- ▶ 构建税务风险预测系统

可怕的税务风险

◆ **税务风险**

税务风险是指企业涉税行为因没有按税法规定履行纳税义务，而导致企业未来利益的可能损失。目前我国大多企业普遍缺乏对税务风险的管理和控制，往往会因此使企业遭受经济上的损失或是法律处罚，法律处罚会使企业商誉受到影响。因此，企业进行税务风险管理有助于企业降低纳税风险，提高企业整体经济效益。

◆ **企业税务风险的形成**

企业税务风险的形成主要有两方面：一是企业应缴纳的税没有如期缴纳，或是少缴的，因此被税务机关处罚而产生的罚款、滞纳金等；二是企业在经营过程中，没有充分利用相关优惠政策，使企业多缴税，造成不必要的支出和负担。

税务风险表现方面

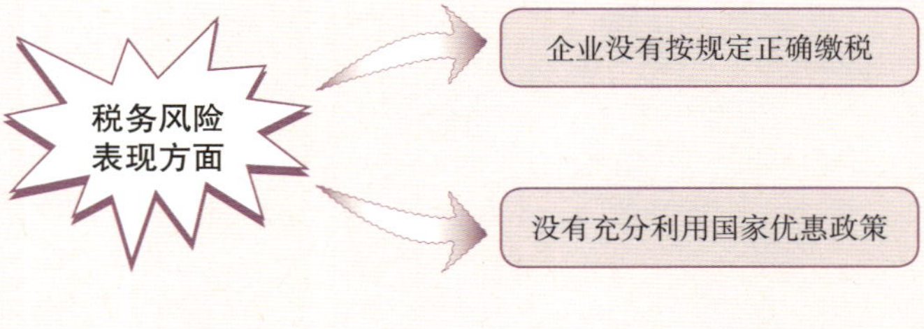
税务风险
表现方面
企业没有按规定正确缴税
没有充分利用国家优惠政策

专家提醒

一般认为，企业税务风险是指企业的涉税行为因未能正确有效地遵守税法规定，而导致企业未来利益的可能损失。

◆　企业税务风险的特点

企业税务风险的特点是具有主观性、必然性和预先性。

企业税务风险的主观性表现在企业纳税人和税务机关之间对涉税业务存在的沟通不足或理解上的差异，从而导致税务风险的发生。不同税务机关对税收的理解或税收行为的表现不同，或是企业对涉税行为存在主观的判断，使征税和缴税双方对涉税业务较难充分沟通，这是企业税务风险产生的原因之一。

企业税务风险的必然性是指，在经营管理过程中，企业都以税后利润最大化、成本最小化为目标，而这一目标与税收具有强制性产生矛盾。而税法的不断变化，企业财务工作者与管理人员对新信息的理解和接受程度有限，因此，企业很难完全规避财务风险。

企业税务风险的预先性是指，在企业日常经营活动财务核算时就存在相关的税费行为。即企业税务风险在履行税务责任之前已经存在，如企业对涉税业务的核算和调整与税法存在一定的矛盾。因此，了解企业税务风险的预先性特征，可以帮助企业正确地认识和管理控制税务风险，从而降低企业的税务风险。

企业税务风险的特点

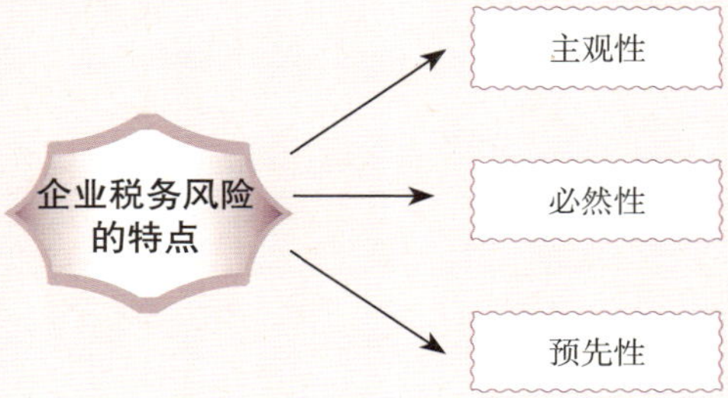

◆　企业税务风险产生的原因

企业税务风险主要有来自外部环境的风险和企业生产经营管理中的风险。

外部环境税务风险形成的因素有多种，宏观经济形势、行业政策、相关法律政策和税法的合理性和完善情况、市场融资环境等，这些都会使企业产生一定的税务风险。

企业外部税务风险产生的主要原因

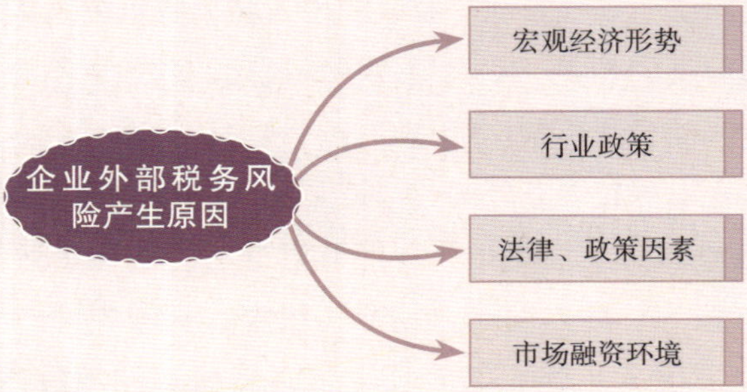

◆ 企业经营管理中存在的税务风险

来自企业内部的税务风险因素主要有企业老板或经营者对税务的规划和对待风险的态度、税务风险的管理和执行情况、财务人员的专业水平、企业内部制度的完善程度、企业管理的有效性等。

企业老板或管理者对企业经营状况的了解程度不够或是对税务筹划的理解有偏差，最终会使企业的涉税行为产生偏差，从而给企业带来税务风险。

企业财务人员的专业知识水平是保证正确涉税、正确化解税务风险的前提。因此，如果企业财务工作出现的失误过多，也会导致企业税务风险的可

雷区

由于经济发展的需要，我国税收政策也在不断修改和完善。因此，企业老板或财务人员对税收知识应充分理解和掌握，不断更新现有的知识。但实际工作中，难免会出现财务人员或老板对新政策理解的偏差或不能及时吸纳从而给企业带来一定的税务风险。而税法的制定和修改决定权在税务部门，因此，一定程度上也会给企业的税务风险管理造成难度和偏差，导致企业税务风险的可能性加大。

能性加大。

再者就是企业内部制度的欠缺同样会带来涉税的风险，如企业内部审核不健全、管理的松懈导致工作失误、财务工作者水平偏低、账目混乱等。

企业税务风险产生的内部原因

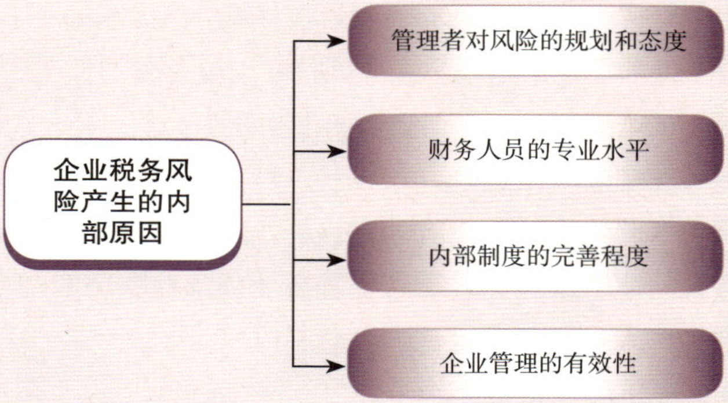

税务风险控制

◆ 税务风险的防范和控制

企业若想降低经营过程中所面临的税务风险，就必须对风险进行预测评估，然后采取一定的措施，把企业税务风险或风险带来的损失降到最低程度，从而增加企业的抗风险能力，提高企业的市场竞争力。

企业老板或管理者可以通过以下方式，对企业面临的税务风险进行防范和控制，以避免风险给企业造成麻烦和损失，实现以最少成本赚取最大利润的目的。税务风险防范和控制方法有完善企业内部控制制度、加强信息的沟通管理、提高管理人员税务意识、加强对税收政策的认识、与税务局建立良好的关系、优化外部环境等。

完善企业内部控制制度

当前，我国财务会计制度和企业会计准则基本完善，税收制度也逐渐健全，但财务会计与税法规定之间的差异将长期存在。为避免税务风险，企业财务工作者须把握上述差异，尽量做到正确纳税，这一客观要求具体表现为企业内部控制制度的完善，即企业应致力于管理水平的提高和风险意识的增强，在严格把握传统财务内控手段的前提下，对现代化知识技术充分利用，

企业税务风险防范和控制

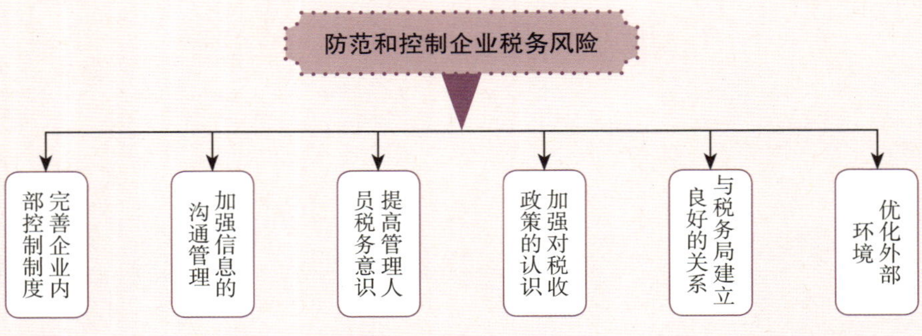

建立一套操作性强、便于控制的内部财务报告组织信息系统。

加强信息管理

企业应建立税务风险管理的信息与沟通制度，明确税务相关信息的收集、处理和传递程序，建立和完善税法的收集和更新系统，及时汇编企业适用的税法并定期更新。企业可以利用计算机系统和网络技术建立内、外部的信息管理系统，确保企业内、外部信息通畅，将信息技术应用于税务风险管理的各项工作中，建立涵盖风险管理基本流程和内部控制系统各环节的风险管理信息系统。

营造良好的税企关系

国家税收具有财政收入职能和经济调控职能，我国制定不同类型的且具有相当大弹性空间的税收政策，而且由于全国各地具体的税收征管方式不同，税务执法机关拥有较大的自由裁量权，企业进行税务筹划的合法性还需要税务行政执法部门的确认。这种情况下，企业需要注重对税务机关工作程序的了解，随时关注当地税务机关税收征管的特点和具体方法，经常与税务机关保持友好联系，加强沟通，争取在税法的理解上与税务机关取得一致，特别是在某些模糊和新生事物上的处理方式得到税务机关的认可，从而避免税务风险。在进行税务筹划时，一定要针对具体的问题具体分析，针对企业的风险情况制定切合实际的风险防范措施，为税务筹划的成功实施做到未雨绸缪。

管理人员应提高税务风险意识

作为企业管理层，应该高度重视纳税风险的管理，它不但要体现在制度

专家提醒

由于税法和财务制度的日渐完善，企业财务工作者在工作中应尽量避免做出与税法规定的内容相冲突的事情。

上，更要体现在领导者的管理意识中。由于税务筹划具有特殊目的，其风险是客观存在的，面对风险企业领导者应时刻保持警惕，针对风险产生的原因，采取积极有效的措施，预防和减少风险的发生。

加强对政策的学习，准确把握税收政策

成功的税务筹划应充分考虑企业所处外部环境条件的变迁、未来经济环境的发展趋势、国家政策的变动、税法与税率的可能变动趋势、国家规定非税收因素对企业经营活动的影响，综合衡量税务筹划方案，处理好局部利益与整体利益、短期利益与长远利益的关系，为企业增加效益。我国税收政策变化较快，许多税收优惠政策具有一定的时效性和区域性，这就要求企业在准确把握现行税收政策精神的同时关注税收优惠政策对企业经营效益的影响。通过对税收政策的学习，密切关注税收法律政策变动，审时度势，正确利用国家税收政策降低纳税成本。

专家提醒

“科学管理之父”泰罗曾说过：“管理就是确切知道要别人干什么，并注意他们用最好最经济的方法去干。”企业只要有管理就会产生风险，就会产生实际结果与预期结果的偏差，所以要善于分析税务风险的症结。

构建税务风险预测系统

◆ 明确纳税人权利

在实际的税务管理过程中，税收往往只注重纳税人需履行的依法纳税义务，对纳税人的权利则较为忽略。受市场经济的影响，人们不断提高对纳税权利的关注度，为实现任何经济个体能从缴税安排中获益，政府应对纳税人的权利加以明确。

◆ 正确评估税务风险

评估预测税务风险，并采取相应措施化解风险，是防范企业税务风险的关键。在日常经营过程中，应积极识别和评估企业未来的税务风险，综合利用各种分析方法和手段，全面、系统地预测企业内外环境的各种资料及财务数据。如分析税务风险的可能性、严重性及影响程度，以了解税务风险产生的负面作用。

◆ 适时监控税务风险

以正确评估税务风险为基础，企业还应加强对税务风险的适时监控，尤其在纳税义务发生前，对企业经营全过程进行系统性审阅和合理性策划，尽可能地实现企业税务的零风险。在实施监控行为的具体过程中，要合理、合法地审阅纳税事项，合理规划纳税事项的实施策略等，并对纳税模式不断分析和调整，测定其税收负担，制订相应可行的纳税计划。

知识拓展

税收风险识别是在数据集中等税收信息化建设成果基础上的，围绕税收风险管理目标，应用相关学科的原理和科学合理的方法、模型以及指标体系，利用税收系统内部以及其他第三方的各种涉税数据，从税收经济运行结果入手，深入研究，探索规律，寻找、发现可能存在的税收风险点，帮助科学决策，指导税收征管工作的分析活动。税收风险识别是一种数据分析过程，但并不排除人工经验。风险识别与人工经验是互相补充、互相验证、互相提高的关系。风险识别中应用的原理、方法、模型以及指标和参数设置，均需要人工经验参与。虽然税收风险是政策、执法和纳税遵从共同作用的结果，但税收风险识别更关注纳税遵从风险和执法风险，政策风险则在绩效评估中予以关注。

第6章

税务稽查和应对

如何应对税务稽查是每一个老板都应该考虑的问题。应对税务稽查，应该从税务稽查本身入手，起码要了解税务稽查的流程和方法，很多逃税案例都是老板们应该引以为戒的。

本章教你：

- 税务稽查的流程和方法
- 税务稽查结论和分析
- 如何让国税局无话可说

税务稽查的流程和方法

◆ 税务稽查

税务稽查是指税务部门依法对纳税人、扣缴义务人的纳税情况所进行的检查处理工作。税务稽查的目的是对纳税主体偷税、漏税等非法涉税行为的检查，是专业性较强、标准高的税务检查。

◆ 税务稽查工作的程序

税务稽查工作的程序分为四个部分，分别是确定选案、稽查实施、稽查审理和处理执行。

税务稽查的程序

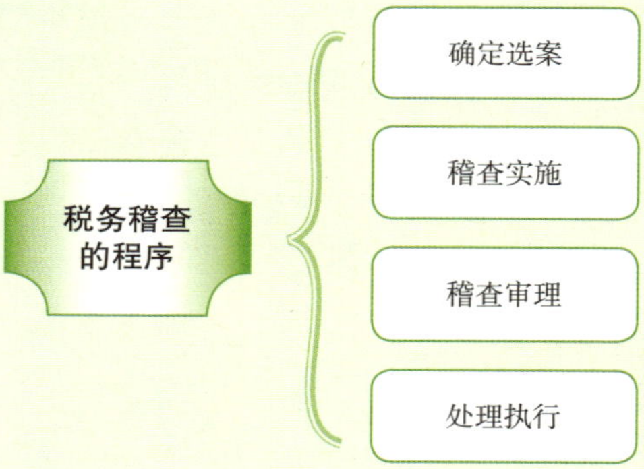

确定选案

在进行税务稽查工作之前，首先要选定稽查对象。一般来说，税务机关选定税务稽查对象主要通过以下几种方式：通过计算机选案分析系统和人工选案进行筛选；根据稽查方向（如专项稽查）确定稽查对象；根据公民举报、有关部门转办、上级交办等资料确定稽查对象。

税务稽查的实施

在确定稽查对象后，下一步就是开始实施稽查工作。

在稽查工作实施前应当对稽查企业的情况做一个全面了解，确定稽查方式，然后书面通知被稽查的企业以及稽查时间，以便企业做好准备以及稽查所需的资料。

选定税务稽查对象的方式

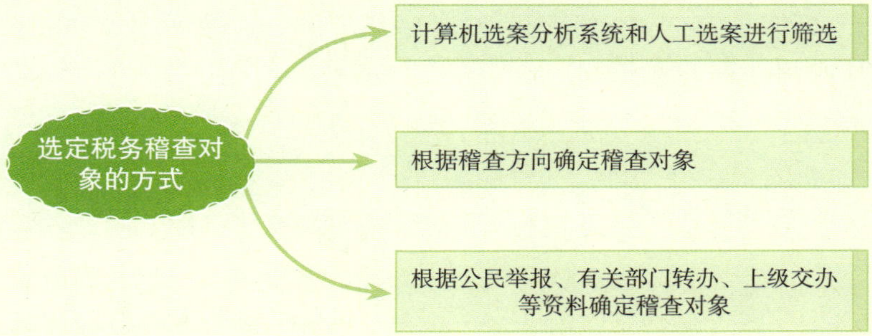
选定税务稽查对象的方式
计算机选案分析系统和人工选案进行筛选
根据稽查方向确定稽查对象
根据公民举报、有关部门转办、上级交办等资料确定稽查对象

有下列情形之一的，可以不事先通知：被举报税收行为有违法的企业或其他纳税人；被税务机关认为并且有根据认为有税收违法行为的企业；税务部门预先通知过有碍稽查的。

接着，稽查机构开始搜罗企业各方面的信息，然后依照国家税法对企业的涉税事项的履行情况进行检查。稽查过程中稽查人员在法定程序内，可以根据稽查的需要对企业采取询问、实地稽查、查看账簿资料等方法查核。在稽查结束时，应对稽查企业说明稽查结果和核对情况，并听取企业相关意见。

在税务稽查过程中，经初步判断有以下行为的，需立案处理：偷税、逃税、骗取出口退税、抗税，以及为纳税主体非法提供发票、银行账户或者其他方便，致使国家税收利益损失的；无以上违法行为，但是稽查出来需要补税，额度在5000元至2万元以内的；非法代开、倒卖、虚开发票，非法携带、存放、流通空白发票，伪造、私自制作发票监制章和发票防伪专用品的；其他税务机关认为需要立案查处的情形。

税务稽查的审理

稽查审理是实施稽查后，对稽查报告和有关资料进行审核，确定是否违法。税务稽查审理工作一般由专门人员负责，主要是核实证据是否准确、资料是否齐全以及数据的准确性、适用什么法规处理、处理的程度是否符合法

稽查实施的流程

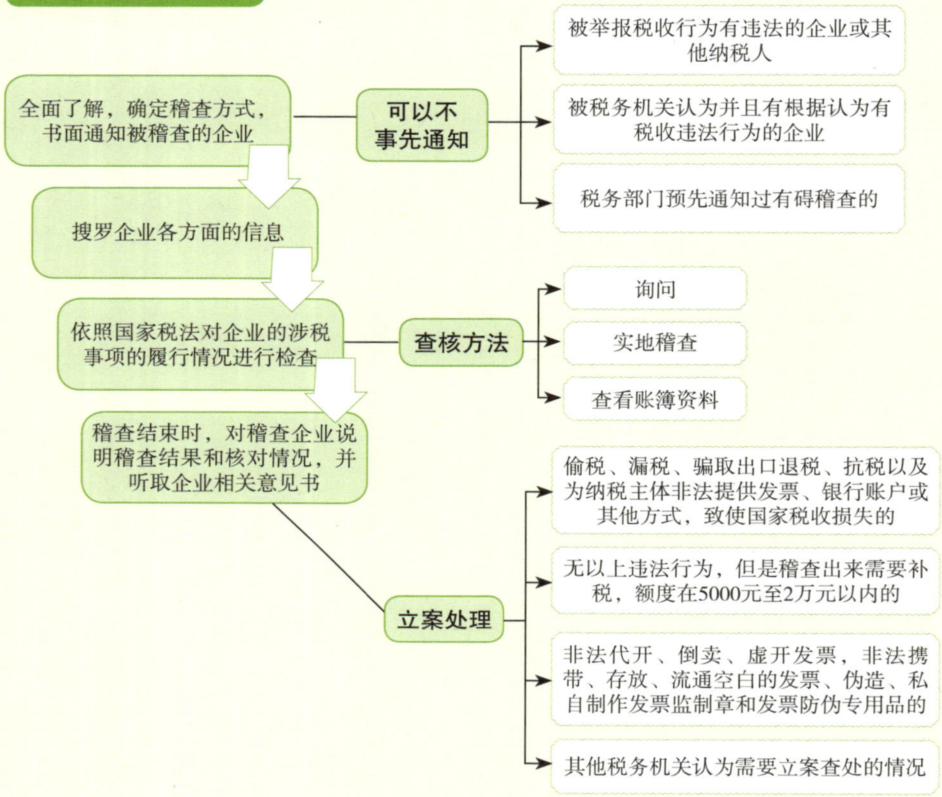

全面了解，确定稽查方式，书面通知被稽查的企业
可以不事先通知
被举报税收行为有违法的企业或其他纳税人
被税务机关认为并且有根据认为有税收违法行为的企业
税务部门预先通知过有碍稽查的
搜罗企业各方面的信息
依照国家税法对企业的涉税事项的履行情况进行检查
查核方法
询问
实地稽查
查看账簿资料
稽查结束时，对稽查企业说明稽查结果和核对情况，并听取企业相关意见书
立案处理
偷税、漏税、骗取出口退税、抗税以及为纳税主体非法提供发票、银行账户或其他方式，致使国家税收损失的
无以上违法行为，但是稽查出来需要补税，额度在5000元至2万元以内的
非法代开、倒卖、虚开发票，非法携带、存放、流通空白的发票、伪造、私自制作发票监制章和发票防伪专用品的
其他税务机关认为需要立案查处的情况

定要求等。对于本机关处理或定案有困难、疑虑的，应向上级税务机关报告听取审理意见再定案。

税务处理决定的执行

税务处理决定的执行是指对于稽查对象的处理方案，经审批后，将处理方案以税务文书的方式，送达给稽查对象并监督企业的执行。

在税务稽查工作结束后，对于没有发现异常问题且没有方案查处的，一般由稽查人员报批稽查结论；若已经立案处理的，则由稽查人员将稽查资料连同稽查结论一起提交审理部门审理；对于未立案处理但稽查出有违法税收行为的，由稽查人员报制定处理决定书，并按规定上报经批准后执行处理；对于已经立案的，稽查人员应编写好《税务稽查报告》，连同其他有关资料和证据一起提交审理部门审理。

对于已经立案处理的案件，税务稽查完毕之后稽查人员还需制作《税务稽查报告》。报告的主要内容包括以下内容。

税务稽查报告内容

税务稽查的结论和分析

◆ 稽查人员是否按法定程序告知当事人法律救济途径

有的税务稽查人员在实施行政处罚前，不按规定程序告知当事人陈述申辩权、听证权、复议权、诉讼权；有的把《税务行政处罚事项告知书》和《税务行政处罚决定书》同时下达；还有的未等当事人提出听证申请的法定期限届满，就发出《税务行政处罚决定书》等，所有这些不符合法律程序的行政处罚，按《税务行政处罚法》的规定都是无效的。

◆ 稽查人员是否制作出示执法稽查证件笔录

在实施执法稽查的过程中，不少稽查人员出示执法稽查证件后，忽略制作笔录。被稽查人如果对此提起诉讼，税务机关可能因执法程序违法而败诉。所以，要证实税务稽查人员在稽查时出示了执法证件及取证过程合法有效，一定要制作包括稽查时间、地点、证件出示情况、稽查方法等内容的稽查笔录，由当事人签字后存入稽查案卷。

◆ 支持税务处理结论的证据是否充足

这主要表现在认定违法事实的主要证据不足。一是有些起主要证据作用的税务稽查底稿无纳税人签字，起不到证据作用；二是所取主要证据不足以支持税务处理结论。

◆ 存档文件中是否有当事人申辩笔录

稽查执法中，应当把当事人的书面陈述、申辩陈述整理在案。当事人有陈述申辩材料的，应当整理归档；口头陈述申辩的，应当制作陈述申辩笔录，并由当事人签字或盖章；当事人放弃陈述或者申辩权利的，也应制作申辩笔录，并填写“当事人无陈述、申辩意见”字样，并由当事人签字或盖章后存档。因为《税务行政处罚法》明确规定：“拒绝听取当事人的陈述、申辩，行政处罚决定不能成立”。

◆　**税务文书送达是否存在问题**

有的处罚决定送达回证上没有当事人签字，即使有，也大多为企业会计代签，还有的没有签收时间等。按照《税务行政处罚法》的规定，实施行政处罚时，不仅要告知当事人违法的事实、证据及处罚依据等，还应告知其陈述、申辩、听证、复议、起诉的期限和途径等。而文书送达必须有送达回证、挂号信回执、登报的报样等，以此证明当事人收到有关文书，或证明有关文书送达当事人处，如果当事人没有委托社会中介组织进行代理，则应直接送达企业法定代表人或负责收件人处。

◆　**处罚决定是否缺章漏项**

一份稽查处罚决定，必须载明查结的具体违法事实、证据、性质及处罚的具体依据，缺一不可。如果处罚决定缺章漏项，纳税人有权利拿起法律的武器来维护自己的权益。

◆　**处罚书援引法律的条文是否准确、完整**

税务稽查人员在填制税务文书时，有的只引用省级或市级颁发的规范性文件，作为执法依据；有的没有具体文号、名称或随意省略；有的税务文书的格式部分不符合相关法律、法规的规定等，这些问题都有可能成为纳税人维护自身权益的依据。

◆　**处罚决定表述是否有误**

送达企业的税务文书往往使用第三人称“该单位”进行表述，应改为第二人称“你单位”进行有针对性的陈述；有的处罚决定书对罚款限定的缴款时间，往往是某年某月某日前到某地缴纳，这与《税务行政处罚法》的规定，当事人应当收到处罚决定书之日起15日内，到指定的银行缴纳罚款的表述不相吻合。

◆　**处罚是否失当**

税务稽查一旦查出纳税人的违法行为，一定给予处罚。但处罚是否合理，是否符合《中华人民共和国税收征收管理法》等相关法律法规的规定，纳税人需要有对其分辨的能力。如偷税处罚失当最常见的是按定额进行处罚，这与《中华人民共和国税收征收管理法》规定的“处不缴或少缴税款0.5倍以上，5倍以下罚款”的规定是不符的。

应对：八大策略让国税局无话可说

税务稽查在多数情况下年度性或季度性巡回检查，是一种常规检查，并没有明确针对性。由群众举报或者因发现问题而进行的有针对性的稽查只是极少数的情况。所以，即使税务稽查要来检查，也不必有什么特殊的准备或举动。

◆ **无须特殊准备**

“税务稽查来了以后，让他看什么，不让他看什么”可能有好多人对此大惑不解。作为一种常规检查，在法律上没有明确的规定。所以，如果税务稽查人员来了以后，应按照《中华人民共和国税收征收管理法》的要求配合税务检查工作，比方说，提供所需的会计账簿、资料，回答稽查人员所提问题，带领稽查人员到生产经营现场，态度应该是不卑不亢、从容不迫、实事求是，给人一种严肃、认真、主动、热情的印象。但是，对于极个别稽查人员随意进入办公室或私人住宅，翻箱倒柜等肆意搜查的行为，要坚决地予以拒绝。

◆ **迎接税务稽查人员到来的方式**

如果税务稽查人员突然来检查的话，应该让他们说明检查的理由。在用现金交易的情况下，对于突然来检查一般来说不能阻止，因为税务人员就是利用突然检查的方式来查明现金交易的实况。但按现行的税法来说，也不是

雷区

好多人持有一种“税务机关的人的要求没法拒绝”的心理，见到税务机关的人在那里搜查，就茫然不知所措。而且，如果你几次三番拒绝的话，你自己就觉得，我这不是分明在说自己有什么隐瞒的秘密吗？这时你不如对稽查人员说：“你需要什么，不必劳您大驾，我给你拿。”

无条件服从的。在常规检查的情况下，若没有公司代表的同意，检查就不可能进行；如果税务稽查人员讲不出突然检查的理由，公司也可以拒绝检查。

税务检查的分类

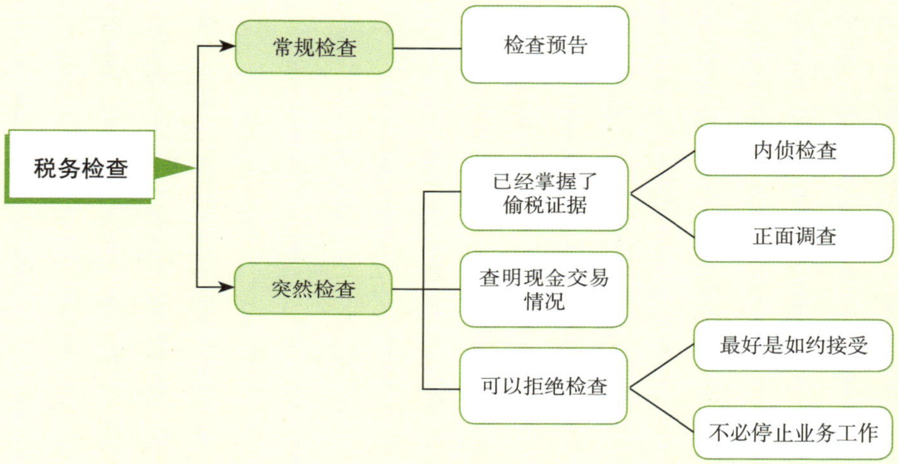

税务人员突然来检查，多半是已经掌握了偷逃税证据。之所以这么说，是因为无预告就来公司检查，会给公司一个非常无礼的印象，如果什么也检查不出来，作为税务机关来说，其形象就受到损害。税务机关的无预告检查，在进入检查之前就已经决定了要检查的重点。

◆　突然检查的途径

首先是内侦检查，即在实际检查之前，对于调查企业采用什么样的交易方法、销售收入为多少等就像刑事侦察一样或者扮作顾客进入内部调查。在这个阶段，主要目的是判断实际检查有无必要。

其次是正面调查，某一天，税务人员突然来某商店检查："请让我们进去检查"。对于实际商业交易的现金管理状况、销售管理状况、每天记账状况等都认真地询问，其原则是不影响业务活动，所以一般都在开业之前或停业之后来检查。

由税务机关事前预告稽查日期的税务检查，最好是如约接受，如果在时间安排上有问题，要向税务机关的有关负责人说明原因，请求变更检查日期。

税务机关的检查预告大体上是在一周以前。“要在某某日对你们公司进行税务稽查，不知在时间上您有没有问题？”税务检查人员通过电话进行联络。若企业有税务代理，一般是通过税务代理进行联络。这不仅仅是联络，也带有询问预报的意思。

如果确因临时有事未能按预定的时间接待检查，变更一二次时间也不足为怪，但若频繁变更时间会让税务机关产生是否有意回避检查的嫌疑。

税务检查的时间大约是两天到一周。但是，在税务检查期间，没有必要为配合检查而停止工作。停止业务工作，就减少缴税能力，这是本末倒置。只是业务不必像平时那样紧张进行。

在稽查开始时，最好请检查人员说明大体的预定检查时间。对于税务检查人员来说，在事前预定检查中，最重要的是开始检查的概况询问，概况询问，是指在税务机关稽查时，开始要询问有关概况，即企业主要从事什么工作，有哪些交易对象，现在的景气状况如何，就业人数等。老资格的稽查，并不是拘于形式的询问，而是在唠家常的过程中，对这些概况就自然地询问了。

“在闲唠之中可能发现逃税的征兆。”同时在谈话的过程中，创造与检查对象之间的相互依赖、相互尊敬关系，使检查容易进行，这就是说检查之前的沟通具有双重意义。这对于接受检查的一方也具有双重意义，一方面在检查之初与检查者建立相互信赖的关系，使其检查不至于白费时间；另一方面不让对方产生怀疑，给今后的检查提供方便。

◆ 尽量以温和的态度接待税务稽查人员

在有关税务稽查的出版物中都写到，没有法律依据的稽查应该全部拒绝。但是事实上，对税务机关采取不合作的态度，这未必是上策。

税务机关工作人员也是人，他们进行税务检查也知道会给纳税人增加许多麻烦，自己也是一边干着工作一边解释说：“这是作为公务员应尽的义务而已。”但是，税务稽查人员也掌握若干合法的、让纳税人很难对付的方法。例如，如果纳税人不配合税务人员的正面调查，就要做反面调查。

◆ 反面调查

我们常常提到的反面调查，即是对交易对象的调查。由税务稽查人员提出："对于与某某企业的交易，有些情况想向贵处询问一下，不知可否"的要求，税务稽查人员对交易对象进行了反面的调查，于是那个交易对象就知道了某某公司正在受到税务检查，为此也就怀疑某某公司可能有偷逃税行为，某某公司的声誉就受到了某种程度的损害。

这种调查方法是法律上所承认的，但若规模搞得很大，就会降低被稽查企业的信用，搞得不好，甚至导致企业破产。所以，如果要想使税务稽查人员停止反面调查，纳税人员就应该在可能的范围内，尽量协助税务人员的正面调查。

正面调查与反面调查

	正面调查	反面调查
发起原因	税务工作的职责、他人的举报	纳税人不配合正面调查
调查时间	开业之前或停业之后	不确定
调查对象	纳税人	纳税人的交易对象
造成影响	调查双方可以良好的沟通	纳税人的声誉受损

专家提醒

所谓反面调查，是指为了确认被稽查企业交易状况是否如实申报，稽查人员给被稽查企业的交易对象打电话，或者亲自去访问，多数情况是秘密进行调查。这种调查如果规模较大，对被稽查企业的信誉会有相当大的损害。

◆ 想说的事情就要清楚地说出来

税务稽查人员对公司财税的稽查只是其工作职责，虽然你受到税务检查，并不说明你就有偷逃税行为。在尽可能的范围内（不影响业务的范围内）给予协作，把想说的事情清楚地说出来，不能接受的事情应该和检查人员商谈，一直到其接受为止。例如，在税务稽查中，对于“逃税”、“漏税”的认识，企业的想法和税法不一致。其中最明显的是，接待费等没有明确的标准，请客人打高尔夫球，对企业来说是经营的一环，而从税务机关来看那只不过是个人的郊游而已，在这种情况下，稽查的想法和企业的做法是不一样的。

税务检查人员执行公务，通常能保证心平气和地进行检查。同样，被检查者明确地表示自己的态度也是非常必要的。

◆ **税务代理**

会计知识有限又没有税务代理的企业不少。但是，就税务检查来说，有税务代理在场的情况下，会更为安全一些。税务代理的知识和能力，对于税务检查都有一定的影响力。税务检查人员由国家赋予权利，而税务代理没有这种权利，甚至会计团体也没有加入，在接受检查时，主要靠他们的知识和能力来应对检查。

◆ **强制税务稽查的人来了怎样应付**

税务稽查局有专门强制稽查的部门，如果他们来了，都带有裁判命令书，而且无须纳税人同意。但是稽查局强制检查部门并非随意进入任何一个单位，一般都是逃税额相当高，并且有严重逃税行为才对其强行检查。普通纳税人基本上都没有受到强行稽查的情况。如果稽查局的人强行来检查，可能已经发现了有关逃税的线索。

在这种情况下，你应知道税务代理已经没有什么作用了。因为在稽查局的人进入的情况下，将来以刑事事件起诉的可能性很大，税务代理对刑事事件是外行的，而且这种情况对于税务代理来说也是危险的。所以，你最好去找辩护律师。

◆ **要善于运用法律保护纳税者的利益**

法律上并没有赋予税务检查人员搜查的权利，如果检查人员要求你打开私人物品接受检查，你可以拒绝，因为税法给稽查的权利是有限的。从某个判例来看，纳税者根据税法所规定的原则，对于税务检查的询问虽然有回答

两种可以帮助你的专业人士

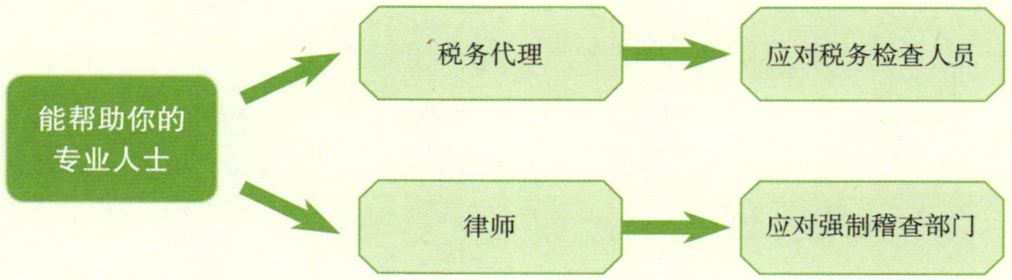

的义务，但是，行使税务检查权假如使纳税者的交易活动停止，使其失去了交易对象或银行对其的信任，使其平静的生活受到严重损害，即可认为税务检查超越了检查的权限。

税务机关不能无视纳税者的要求随意强行检查。所以，纳税者对税务机关应该明确表达自己的想法。

◆　尽量避免核定纳税

税务检查经常遇到的问题是核定纳税。这种纳税方法，往往是在账簿上虽有记录，可是收、支不明确，不能正确地反映经营业绩，或者在连账簿都没有的情况下，由税务机关根据核定来实施纳税的方法。虽然说核定，也不是毫无根据的判断，而是以统计数值为基础、分行业编制效率表，然后利用这个效率表加以核定。

因为申报纳税既费时间又麻烦，所以有的私营企业就什么账都不记，到了申报期去税务部门申请核定纳税，这样，税务机关不是很安心吗？明确地说，核定纳税对于纳税者来说往往会造成损失，虽然是有税率表，但是纳税率很难和特定的纳税人的状况相吻合，可能连不该缴纳的税金也被收缴上了。这种推算纳税，也适用于税务稽查时纳税者不予协作的情况。

◆　核定纳税的方法和依据

核定纳税的方法很多，有资产负债增减法、同业比较法、差距法、标准法、从原材料的使用量推算法以及所得率法等。主要依据下述资料进行推算或者核定。

核定纳税

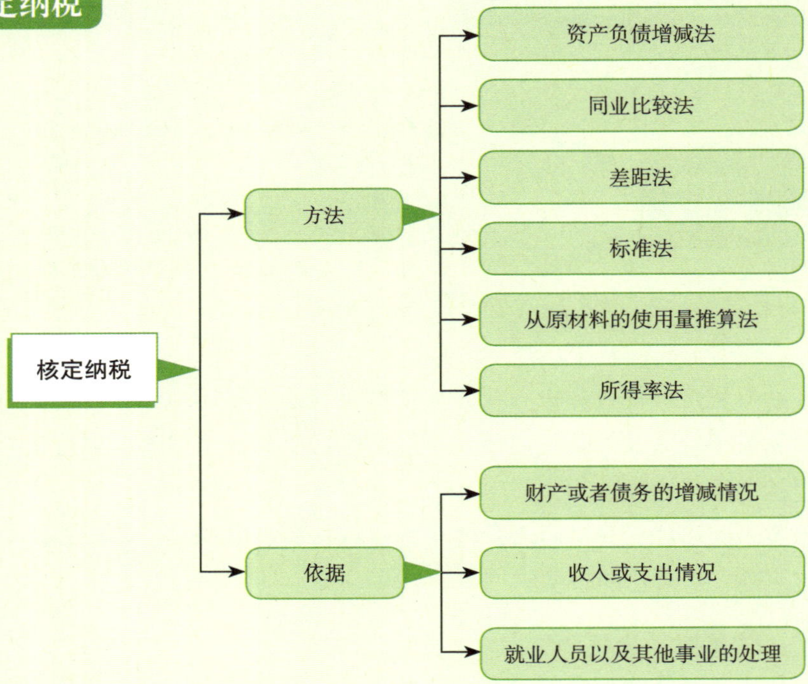

（1）推算财产或者债务的增减情况。

（2）收入或支出情况。

（3）就业人员以及其他事业的处理。

以上方法，是为了确保税收收入和课税公平而设计的。在纳税者的账簿不完备或得不到纳税者协作的情况下，作为一种间接的课税方法而被采用。但课税归根结底是以直接的事实为依据的，在不能掌握这种直接事实的情况下才能以效率为依据表达这种间接事实。

◆ 核定纳税的原因

账簿不存在

所谓账簿不存在，是指如下的情况。

（1）没有交易的发票、账簿以及其他的票据。

（2）没有可以了解营业全貌的报告。

（3）没有可以确定销售金额的资料。例如，销售日记账、出纳簿等商业账簿。

（4）没有记录每日收支的账簿，其他能直接说明实际收支的证明材料也没有。

记录不正确

记录不正确是指虽然有账簿，但是没有正确表示。

（1）税务机关认为账簿不完备，没有反映实际的经营状态，对于稽查的询问又没有什么具体的说明。

（2）税务机关认为可以正确地把握进货、销售等营业内容的各种账簿不完备。

（3）销售、进货以及经费等账簿虽然都具备，但没有能确认这些账簿真实性的凭证；进货账和主要的进货的账簿相对照，发现进货账有错漏现象，销售收入的保管和记录方法不准确。

在采用核定课税方法的情况下，对于账簿是否完备，不能要求得过于严格。假如销售进货账确实有一两处在记录上有差错，没有真实地表示，也只不过应以账簿为基础进行税务调查而已，即使没有进行申报，如果账簿等存在的话，那么应该对会计人员进行正确的指导，至少不能凭着税务稽查一方的判断实行核定课税。常常有的纳税人被税务部门叫去，要求他修正申报税额，并让他即刻签字盖章，这时税务申报人员要绝对谨慎。

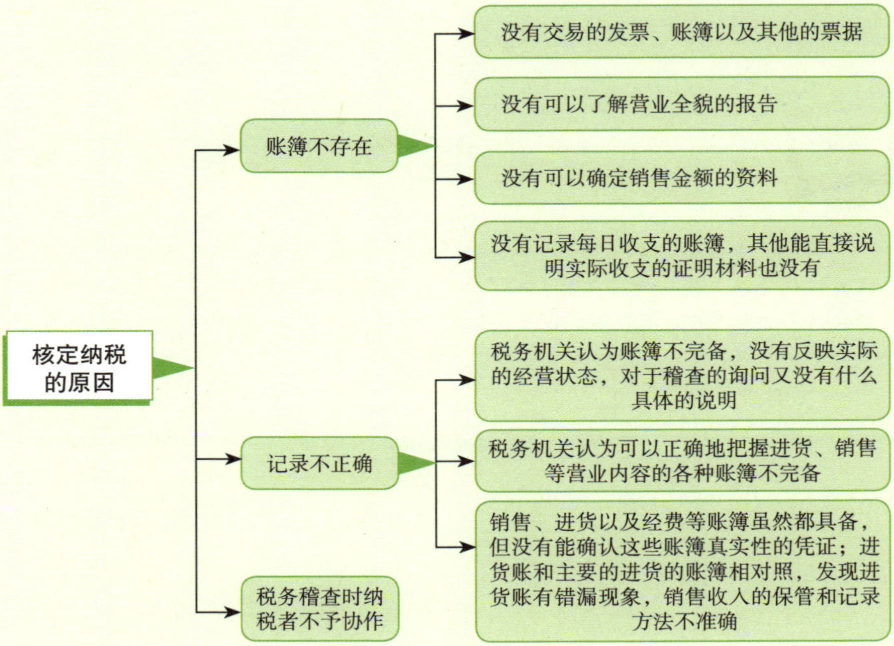
核定纳税的原因
账簿不存在
没有交易的发票、账簿以及其他的票据
没有可以了解营业全貌的报告
没有可以确定销售金额的资料
没有记录每日收支的账簿，其他能直接说明实际收支的证明材料也没有
记录不正确
税务机关认为账簿不完备，没有反映实际的经营状态，对于稽查的询问又没有什么具体的说明
税务机关认为可以正确地把握进货、销售等营业内容的各种账簿不完备
销售、进货以及经费等账簿虽然都具备，但没有能确认这些账簿真实性的凭证；进货账和主要的进货的账簿相对照，发现进货账有错漏现象，销售收入的保管和记录方法不准确
税务稽查时纳税者不予协作

◆ 纳税裁判争议

核定课税的前提条件是核定的合理性和适用性。但无论效率表是多么精密，也只不过是平均数而已，从合理性和适用性观点来看还是有问题的。在效率表编制过程中，其所用的基础数据在合理性和适用性方面都存在问题。从合理性的角度来看，它与真实情况不同，而且其平均值与各个纳税者的具体数值必然会产生差距，效率表的计算依据，大体是以税务机关从管区内所调查的结果以及其他资料为依据，计算出各个行业企业的销售利润率、资金利润率等指数为标准比率编制而成的。在没有特别的限制条件下，可以大致地说是合理的。

那么，为了合理地核定纳税额，应该怎么做才好呢？在推算所得的确定方法是合理的，并且在基础数字正确的条件下，即使推算的所得额与纳税者真实的所得额不一致的情况下，在纳税者拿出充分的证据证明之前，应该把它作为正确的纳税者的所得额。在没有明确的收入和支出，又没有经营账簿，不能推算其实际数额的情况下，对于营业者的总销售额运用标准收入率推算出收入额是合理的、适当的，如果对其推算结果持有疑义，就必须提出来反

雷区

纳税者应该通过复议申请、向法院起诉等方式，来保护个人的权利。如果认为对税务机关提出什么意见，就是损害了税务机关声誉，是落后于时代的想法，而且持有这种想法的纳税者多了更成问题。对于税务检查人员态度恶劣、粗鲁都应该提出抗议，根据公务员法向有关部门提出抗议是完全可以的。纳税者自己的权利应由纳税者自己来保护。

证。也就是说，由纳税者提出反证，税务机关对推算结果进行修正。

在强烈主张纳税者权利的今天，今后对推算纳税裁判争议可能会越来越多地集中在推算纳税的方法之中。

专家提醒

企业面对税务稽查时，按照《中华人民共和国税收征收管理法》的要求配合税务检查工作，提供所需的会计账簿、资料，回答稽查人员所提问题，带领稽查人员到生产经营现场，态度应该是严肃认真、主动热情、不卑不亢、从容不迫、实事求是的，但也应坚决拒绝个别稽查人员的违规检查行为。

第7章

怎么和税务局打交道

和税务局打交道是老板的一项重要工作。其中，一些基本技巧的运用，可以让老板们事半功倍，花小钱办大事。有些老板害怕和税务局打交道，但是有些老板却能够如鱼得水，这里面的技巧，不在于大家的社交能力有什么不同，关键是有些人掌握了很多老板本来就应该掌握的东西。

本章教你：

- 和税务局打交道的基本技巧
- 善用税务人员的义务
- 懂税务法规是前提
- 接待税务人员的原则和流程
- 用好申辩权为自己辩护

和税务局打交道的基本技巧

◆ **掌握扎实的税务知识**

作为一个老板，特别是私营企业的老板，必须具备一定的税务知识，尤其是对企业相关的税务知识必须掌握。例如，企业的增值税、营业税、个人所得税等，是每个老板必须学习的。

◆ **永远尊重税务人**

尊重是中国人的美德。税务人员的工作十分辛苦，一个专管员有时管几十上百家企业，他们代表国家行使国家税收管理的权力，纳税人当然有义务配合他们的工作。所以，要尊重税务人员，配合他们开展工作，让他们感受到来自企业的温暖。

◆ **平常的联系很重要**

中国人重视联谊，重视感情，这一点也体现在工作中。企业与税务局之间就应保持日常的往来，相互多一点联系。大家熟悉后办事情的效率自然会高。

和税务局打交道的技巧

和税务局打交道的技巧

基本技巧　　迎来送往

掌握扎实的税务知识　　尊重税务工作人员　　注重平时关系

专家提醒

税务对企业有着重要影响。利用税法合理为企业着想，为企业节约的税款对企业的持续经营有着重要的影响。利用税法是一个方面，但更重要的是，在与税务人员打交道的过程中，恰当地处理好与税务局的关系。

善用税务人员的义务

◆　税务机关和税务人员的基本义务

税务机关应当广泛宣传税收法律、法规，普及纳税知识，无偿地为纳税人提供纳税咨询服务。

税务机关应当加强队伍建设，提高税务人员的政治业务素质。

税务机关、税务人员必须秉公执法、忠于职守、清正廉洁、礼貌待人、文明服务，遵守职业道德，尊重和保护纳税人、扣缴义务人的权利，依法接受监督。

税务人员不得索贿受贿、徇私舞弊、玩忽职守、不征或者少征应征税款；不得滥用职权多征税款或者故意刁难纳税人和扣缴义务人。

各级税务机关应当建立、健全内部制约和监督管理制度。

上级税务机关应当对下级税务机关的执法活动依法进行监督。

税务人员的法定回避

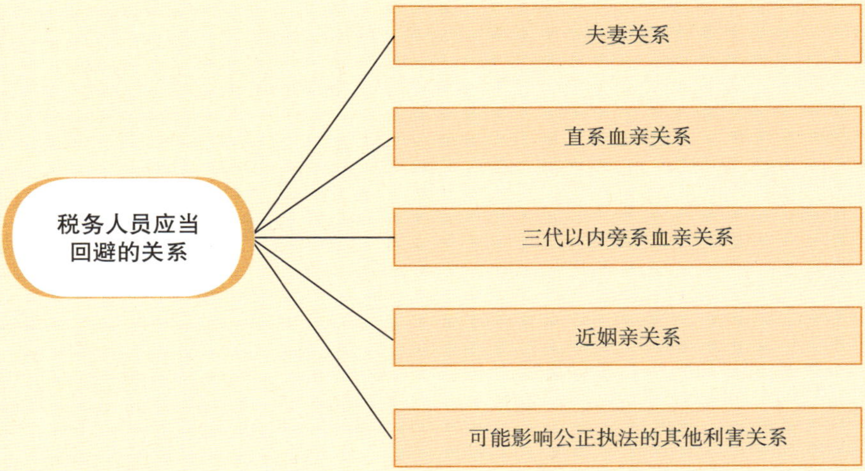

各级税务机关应当对其工作人员执行法律、行政法规和廉洁自律准则的情况进行监督检查。

税务机关负责征收、管理、稽查、行政复议人员的职责应当明确，并相互分离、相互制约。

税务人员在核定应纳税额、调整税收定额、进行税务检查、实施税务行政处罚、办理税务行政复议时，与纳税人、扣缴义务人或者其法定代表人、直接责任人有下列关系之一的，应当回避：

（1）夫妻关系；

（2）直系血亲关系；

（3）三代以内旁系血亲关系；

（4）近姻亲关系；

（5）可能影响公正执法的其他利害关系。

税务机关应当为检举人保密，并按照规定对检举人给予奖励。

税务机关应当依法为纳税人、扣缴义务人的商业秘密及个人隐私情况保密。纳税人、扣缴义务人的税收违法行为不属于保密范围。

◆ 税务机关和税务人员在税务管理方面的义务

税务机关收到纳税人申报办理的税务登记申请，应当自收到申报之日起30日内审核并发给税务登记证件。

税务机关应当建立、健全纳税人自行申报纳税制度。

◆ 税务机关和税务人员在税款征收方面的义务

税务机关依照法律、行政法规的规定征收税款，不得违反法律、行政法规的规定开征、停征、多征、少征、提前征收、延缓征收或者摊派税款。

税务机关应当加强对税款征收的管理，建立、健全责任制度。

税务机关按照规定付给扣缴义务人代扣、代收手续费。

税务机关应当将各种税收的税款、滞纳金、罚款，按照国家规定的预算科目和预算级次及时缴入国库，税务机关不得占压、挪用、截留，不得缴入国库以外或者国家规定的税款账户以外的任何账户。

税务机关应当根据方便、快捷、安全的原则，积极推广使用支票、银行

不合法的税款征收

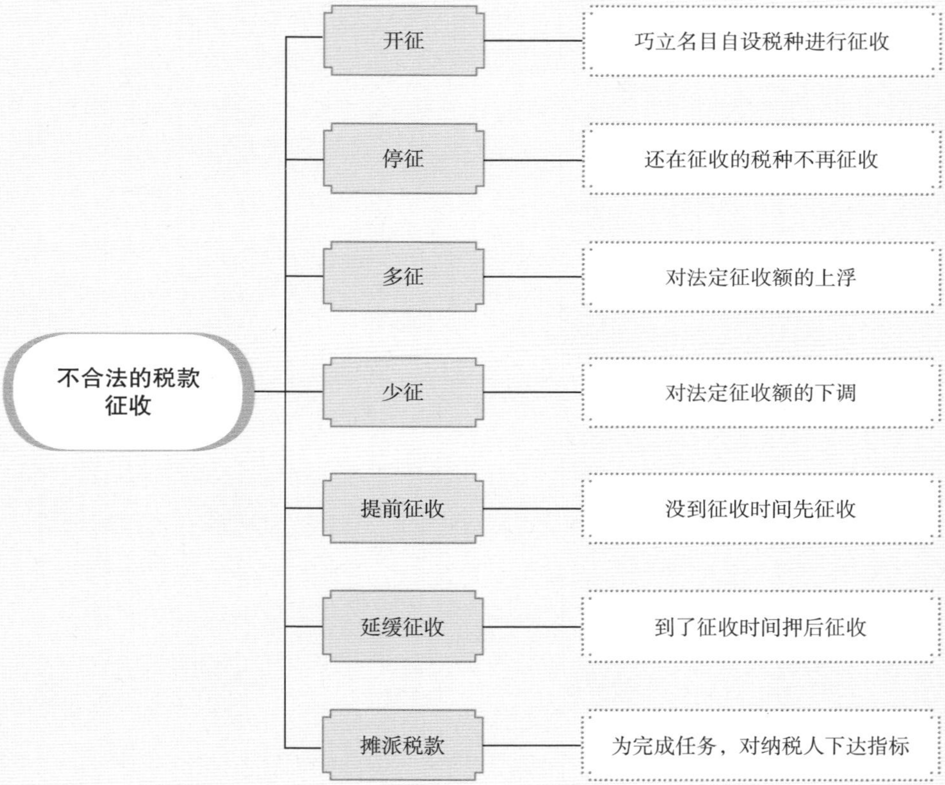
不合法的税款征收
开征
巧立名目自设税种进行征收
停征
还在征收的税种不再征收
多征
对法定征收额的上浮
少征
对法定征收额的下调
提前征收
没到征收时间先征收
延缓征收
到了征收时间押后征收
摊派税款
为完成任务，对纳税人下达指标

卡、电子结算方式缴纳税款。

减税、免税的申请须经法律、行政法规规定的减税、免税审查批准机关审批；地方各级人民政府、各级人民政府主管部门、单位和个人违反法律、行政法规规定，擅自做出的减税、免税决定无效，税务机关不得执行，并向上级税务机关报告。

税务机关征收税款时，必须给纳税人开具完税凭证。纳税人通过银行缴纳税款的，税务机关可以委托银行开具完税凭证。

税务机关应当自收到申请延期缴纳税款报告之日起20日内做出批准或

者不予批准的决定。

税务机关应当对纳税人欠缴税款的情况定期予以公告。

从事生产、经营的纳税人、扣缴义务人未按照规定的期限缴纳或者解缴税款的，纳税担保人未按照规定的期限缴纳所担保的税款的，由税务机关发出限期缴纳税款通知书，责令缴纳或者解缴税款的最长期限不得超过15日。

纳税人超过应纳税额缴纳的税款，税务机关应当自发现之日起10日内办理退还手续；纳税人自结算缴纳税款之日起三年内发现的，可以向税务机关要求退还多缴的税款并加算银行同期存款利息，税务机关应当自接到纳税人退还申请之日起30日内查实并办理退还手续；涉及从国库中退库的，依照法律、行政法规有关国库管理的规定退还。

国家税务局和地方税务局应当按照国家规定的税收征收管理范围和税款入库预算级次，将征收的税款缴入国库。

审计机关、财政机关依法进行审计、检查时，对税务机关的税收违法行为做出的决定，税务机关应当执行；发现被审计、检查单位有税收违法行为的，向被审计、检查单位下达决定、意见书，责成被审计、检查单位向税务机关缴纳应当缴纳的税款、滞纳金。税务机关应当根据有关机关的决定、意见书，依照税收法律、行政法规的规定，将应收的税款、滞纳金按照国家规定的税收征收管理范围和税款入库预算级次缴入国库。 税务机关应当自收到审计机关、财政机关的决定、意见书之日起30日内将执行情况书面回复审计机关和财政机关。

◆ 税务机关和税务人员在税收保全中的义务

纳税人在税务机关采取税收保全措施后，按照税务机关规定的期限缴纳税款的，税务机关应当自收到税款或者银行转回的完税凭证之日起1日内解除税收保全。纳税人在限期内已缴纳税款，税务机关未及时解除税收保全措施，使纳税人合法利益遭受损失的，税务机关应当承担赔偿责任。

税务机关滥用职权违法采取税收保全措施、强制执行措施，或者采取税收保全措施、强制措施不当，使纳税人、扣缴义务人或者纳税担保人的合法权益遭受损失的，税务机关应当依法承担赔偿责任。

税务机关执行扣押、查封商品、货物或者其他财产时，应当由两名以上税务人员执行，并通知被执行人。被执行人是自然人的，应当通知被执行人本人或者其成年家属到场；被执行人是法人或者其他组织的，应当通知其法定代表人或者主要负责人到场；拒不到场的，不影响执行。

税务机关扣押商品、货物或者其他财产时，必须开付收据；查封商品、货物或者其他财产时，必须开付清单。

税务机关将扣押、查封的商品、货物或者其他财产变价抵缴税款时，应当交由依法成立的拍卖机构拍卖；无法委托拍卖或者不适于拍卖的，可以交由当地商业企业代为销售，也可以责令纳税人限期处理；无法委托商业企业销售，纳税人也无法处理的，可以由税务机关变价处理，具体办法由国家税务总局规定。国家禁止自由买卖的商品，应当交由有关单位按照国家规定的价格收购。拍卖或者变卖所得抵缴税款、滞纳金、罚款以及扣押、查封、保管、拍卖、变卖等费用后，剩余部分应当在3日内退还被执行人。

◆ 税务机关和税务人员在税务检查方面的义务

税务机关应当建立科学的检查制度，统筹安排检查工作，严格控制对纳税人、扣缴义务人的检查次数。

税务机关应当制定合理的税务稽查工作规程，负责选案、检查、审理、执行的人员的职责应当明确，并相互分离、相互制约，规范选案程序和检查行为。

专家提醒

税务机关和税务人员应当履行的主要义务有：

一、保护纳税人合法权益的义务；

二、宣传贯彻税收政策，辅导纳税人依法纳税的义务；

三、为纳税人、检举人保密的义务；

四、为纳税人办理税务登记、发给税务登记证的义务；

五、受理纳税人减免、退税及延期缴纳税款申请的义务；

六、受理税务行政复议的义务；

七、应诉的义务；

八、举证责任的义务；

九、国家法律、行政法规规定的其他义务。

税务机关派出的人员进行税务检查时，应当出示税务检查证和税务检查通知书，并有责任为被检查人保守秘密。

税务机关采取税收保全措施的期限一般不得超过6个月；重大案件需要延长的，应当报国家税务总局批准。

税收保全

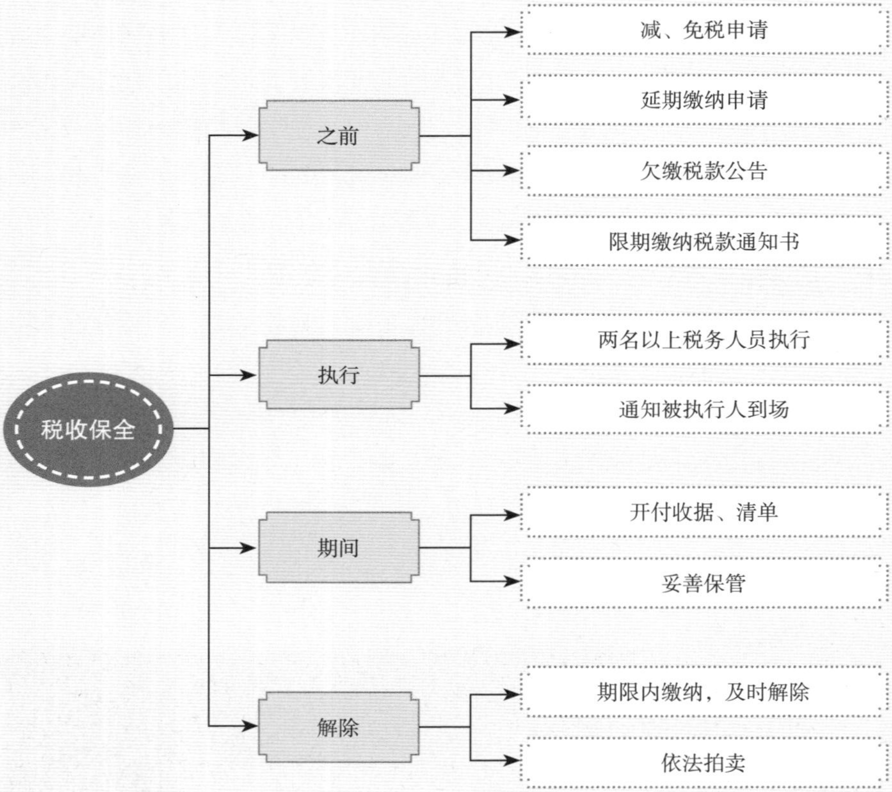

懂税务法规是前提

税收制度是一个国家各种税收法律和征收办法的总称。它一般由若干要素构成，包括纳税人、征税对象、税目、税率、纳税环节、纳税期限、减免税、违章处理等要素。这些要素根据经济政策、经济形势的要求，进行不同方式的组合，构成了当时的税收制度，以满足国民经济正常运行的需要。税务政策就是企业纳税的游戏规则。不懂规则，不掌握规则的变化，企业就会经常犯规，触犯法律，如果情节严重，可能会被红牌罚下场，丧失参与市场竞争的资格。

◆　税务法规

一个国家为了规范市场正常运行，建立良好的市场经济秩序，保证经济的正常有序发展，必然要制定一定的税务法规。税务法规是国家采取强制性措施来保证经济发展和市场运行的手段。国家政策法规是任何人都不能违反的。

有关税收法规为：所得税法规、流转税法规、其他地方税法规和税收征管法等。

税务法规

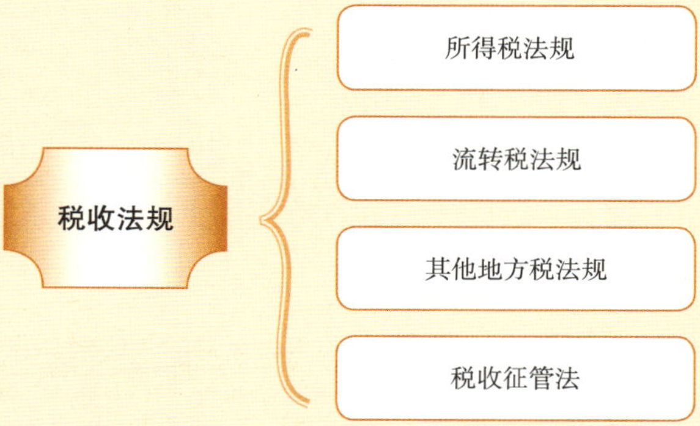

◆　懂税务法规的好处

懂税务法规的好处体现在以下四个方面。

（1）工商税务管理无后顾之忧。

熟悉税法，像税务登记、账簿凭证管理、纳税申报、税务检查等都没有问题。

（2）控制税务风险。

从控制税务风险的目的出发，从企业内部环境到外部环境进行税务风险控制，降低企业不必要的损失。

（3）投资利润最大化。

熟悉税收优惠政策，在投资前选好投资项目、投资地点、投资方式，可以让你的投资利润率最大化。

（4）经营利润最大化。

掌握了税收法规，在不违反税法的前提下进行各个税种的纳税筹划，把纳税降到最低，可以为企业节省税务成本。

懂税务法规的好处

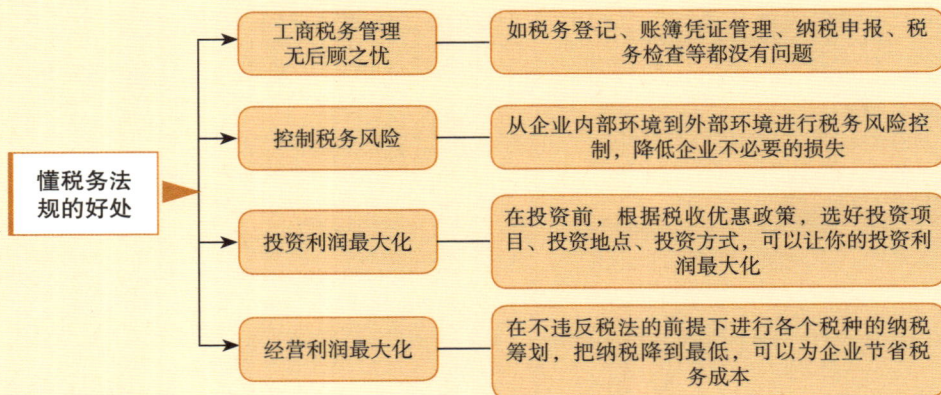

懂税务法规的好处		
	工商税务管理无后顾之忧	如税务登记、账簿凭证管理、纳税申报、税务检查等都没有问题
	控制税务风险	从企业内部环境到外部环境进行税务风险控制，降低企业不必要的损失
	投资利润最大化	在投资前，根据税收优惠政策，选好投资项目、投资地点、投资方式，可以让你的投资利润最大化
	经营利润最大化	在不违反税法的前提下进行各个税种的纳税筹划，把纳税降到最低，可以为企业节省税务成本

专家提醒

作为一个经济自然人或法人，在积极了解有关法律和法规后，在经济活动中一定要遵守这些法律和法规，这样才能避免贪小便宜吃大亏的败局。

◆ 公司税负

企业开业前要办理什么手续？“工商登记手续”很多人都知道，但别忘了，如果你的企业有纳税义务的话，还要进行税务登记，不然的话你的企业还是办不成。又如，企业的账簿凭证管理必须符合税务机关的要求，否则吃亏的是企业。此外，企业要配合税务机关的税务检查。

任何公司都有纳税的法定义务。

税负是公司的一项费用，会增加公司现金的流出，对公司理财有重要影响。公司无不希望能减少税务负担，但只能靠投资、融资和利润分配等财务决策来精心筹划，而不允许在纳税行为上出现违法违纪。因此，精通税法，对公司财务有重要意义。

纳税对公司财务行为有重要影响，一个税负较低情况下的最佳财务决策，在税负提高后可能变成错误的决策。因此，老板及财务人员了解税收政策对公司理财十分有益。

影响公司税负的主要因素有：

①折旧政策；

②投资扣抵政策；

雷区

A是2002年3月1日成立的一家生产企业，在办好了一切工商行政管理手续后，没办理银行账号就开始生产。4月1日接到税务人员通知，企业没有在规定期限办理税务登记，必须在4月20目前办理，并接到了税务部门开来的罚单1500元。由于企业刚开业，忙得不可开交的张总把这事给忘了，到4月21目，还未办理税务登记的A企业被工商部门吊销营业执照，忙着联系业务的张总不得不停下来处理。《中华人民共和国税收征收管理法》第九、第十条规定：从事生产、经营的纳税人自领取营业执照之日起30日内，向所在地的主管税务机关申报办理税务登记；税务登记证内容发生变化的，自工商管理机关办理变更登记之日起30日内或在向工商行政管理机关申请办理注销登记之前持有关证件向税务机关申请办理变更登记或者注销税务登记。纳税人未按规定的期限办理的，税务机关责令其限期改正，可处2000元以下的罚款，情节严重的处2000元以上10 000元以下的罚款。逾期不改的，由工商行政管理机关吊销其营业执照。由于张总不懂税法，A企业不但被罚款，还被吊销营业执照，经营计划全部告停，可谓损失惨重。

③亏损扣抵政策；

④资本利得与损失处理规定；

⑤成本核算制度；

⑥鼓励性税收优惠政策；

⑦减税、免税、缓税规定。

影响公司税负的主要因素

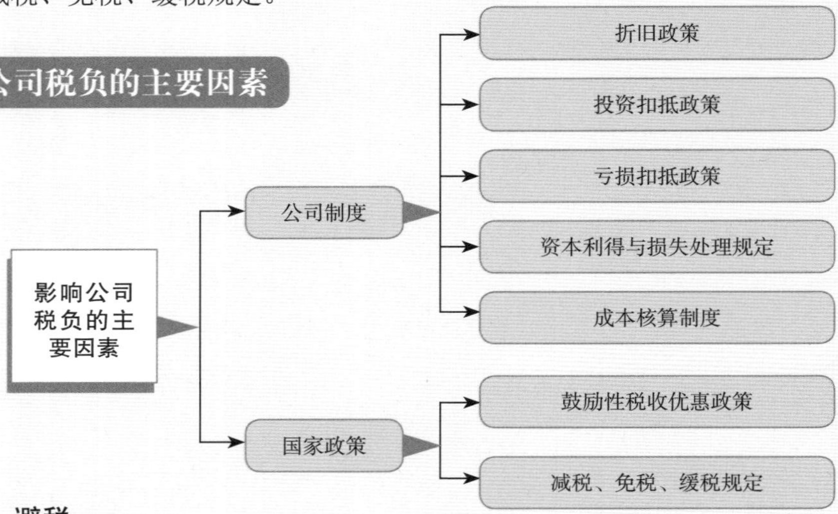

◆ **避税**

在这个世界上不是所有的钱都能挣的，有些钱可以挣，但有些是不能挣的。因此一定要守法挣钱，不能违规。优秀的商人，他们信守“绝不漏税”的准则，但是为了利润最大化，他们也在税收上做了一些工作，合法避税。

（1）合法避税是经营活动与财务活动的有机结合。

（2）合法避税是经营时间、地点、方式、手段的精巧安排。

（3）合法避税是会计方法的灵活运用。

（4）合法避税是决策者超人的智慧和高超的管理水平的精彩体现。

一些有经验、懂得税务法规的经理，他们避税的做法是这样的：

（1）让避税行为发生在国家税收法律法规许可的限度内，做到合理合法；

（2）巧妙安排经营活动，努力使避税行为兼具灵活性和原则性；

（3）避税行为围绕降低产品价格而展开，以避税行为增强企业的市场竞争力；

（4）充分研究有关税收的各种法律法规，努力做到在某些方面比国家征税人员更懂税收。

避税和漏税

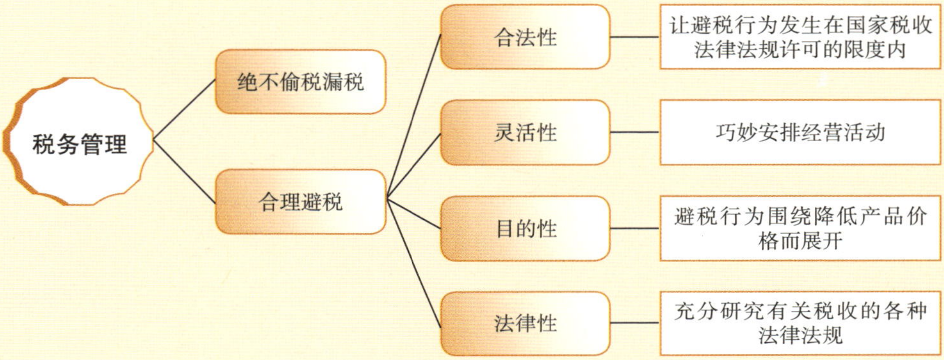

◆　绝不偷税漏税

当前，市场经济的人潮波翻浪涌，广大群众面临税法、涉足税收，常常要申报纳税而成为纳税人，那些经商者、高收入者，诸如歌星、明星、美容师、公关人员、工程承建商，等等，凡一次个人所得达所得税起征点者更是常常与税法打交道。

可是有一些人税法观念淡薄，发生了收入或行为交易后，觉得纳税后吃亏，不心甘情愿去申报纳税，而是千方百计偷税、逃税、避税或骗税，结果被税务机关追查，甚至新闻曝光，搞得人仰马翻，声名狼藉。例如，在税收检查中，有的单位在申报纳税时没有依法代扣代缴个人所得税；有的申报纳税时又用错税率，或多缴或少缴。更有一家公司代办报关商检，代支垫支等，不懂

专家提醒

欲要善经营，必须懂税法。

按税法缴营业税；被税务机关查实后才大吃一惊，说不知道要缴税，对有关政策不清楚。像这样的事例很普遍，究其原因是不懂税法或是对税法知之甚少，纳税观念淡薄。

◆ 税收的强制性

税法乃国家法律的一部分，一经颁布即发生法律效力，法律面前，人人平等，它带有强制性，不是你愿意不愿意的事，而是一定要执行的，不可逃避。

一些发达国家均实行低事业征税，除了领取失业救济金者外，几乎人人纳税。在这些国家，公民纳税意识很强，“只有死亡和纳税是不可避免的”，而且积极认同纳税人的权利和义务——我为社会创造了财富，没有人因为纳税而产生心理失衡。公民纳税已从法律强制变为自觉行动，总统与公民一样纳税，没有人敢冒天下之大不韪，因而大大地保证了国家财政收入的及时和稳定。

◆ 税收征管改革

当前，我国实行税收征管改革，而征管改革以申报、代理、稽查三位一体，整个税收工作以征管为重点，而征管又以稽查为重点，稽查是重中之重，稽查力量要占征收力量的40%。可见税务机关已下大决心加强税收执法的力度。既然这样，所谓识时务者为俊杰，我们必须适应市场经济形势，欲在商海中畅游，何不多学一点税法呢？

税收征管改革

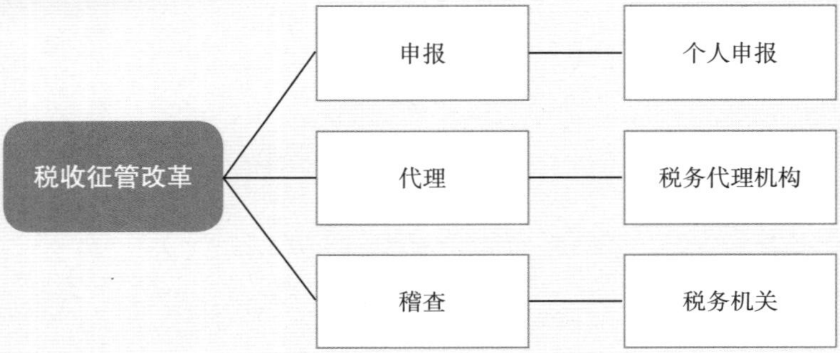

收税的三种渠道

◆　税款征收

税款征收是税务机关依法将纳税人、扣缴义务人应当缴纳或解缴的税款依照一定的程序和方式征集入库的执法活动的总称。税款征收是税收征收管理工作的中心环节，是全部税收征收管理工作的目的和归宿，是税务机关按照税收法律、行政法规的规定，将纳税人依法应纳税款以及扣缴义务人代扣代缴、代收代缴税款，通过不同方式组织征收入库的活动。除税务机关、税务人员以及经税务机关依法委托外，任何单位和个人不得进行税款征收活动。税务机关应依法征税，征收税款时必须开具完税凭证，征收的税款应如期上缴国库。

◆　税款征收的渠道

税款征收是税务机关依法征税缴入国家金库经收处的过程。

税款征收方式是指税务机关根据各税种的特点和征纳双方的具体条件而制定的计算、征收税款的形式和方法。实施正确的征收方式有利于依法治税；有利于税款的源泉控制管理，防止税款的流失；有利于发挥税收调节经济的杠杆作用，促进社会经济的发展；有利于征纳双方对税源经济的管理。

税款征收有三种渠道：一是纳税单位或个人直接向金库经收处缴纳税款；二是税务机关将所收款项汇总缴入金库经收处；三是税务机关委托有关单位

专家提醒

税款征收是税收征管工作的中心环节，在整个税收工作中占据着极为重要的地位。

代征、代扣税款，由代征、代扣单位汇总缴入金库经收处，或向税务机关结报，再由税务机关汇总缴入金库经收处。具体而言，税款征收方式又有以下几种类别：①查验征收②查账征收③查定征收④定期定额征收⑤自核自报自缴⑥代扣代缴⑦代收代缴⑧委托代征⑨邮寄申报征收⑩其他征收方式。

税款征收方式

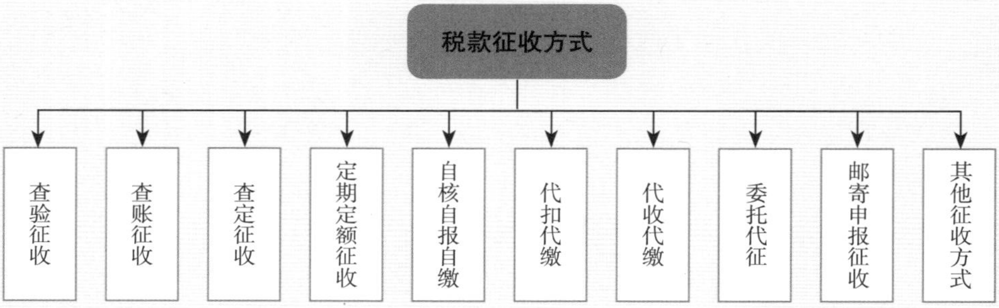

查验征收

查验征收，是指税务机关对某些难以进行源泉控制的征税对象，通过查验证、照和实物，据以征税的一种征收方式。这是对流动、分散的税源加强控制管理的一种方式，也是对纳税人进行纳税监督的一种有效手段，多适用于临时经营场所和机场、码头等场外经销商品的情况。

查账征收

查账征收，是指纳税人在规定的纳税期限内根据自己的财务报表或经营结果，向税务机关申报自己的应纳税收入或所得额及应纳税款，经税务机关审查核实后，纳税人据以缴纳税款的一种征收方式。这种方式较为普遍，一般适用于纳税意识较强以及财会制度较为健全的纳税人。

查定征收

查定征收，是指税务机关通过按期查定纳税人的实物量而确定应纳税额，分期征收税款的一种征收方式。税务机关为了控制某些零星、分散的税源，简化纳税手续，对经营规模小、产品的生产销售批次多、财务管理和会计核算水平低的纳税人，根据其生产能力和一定时间的实际产、销情况，核定一个实物量作为计税标准，据以计算纳税期内的应纳税额，分期征收税款，期末进行结算。当实际产、销量超过核定量时，须由纳税人报请补征；不到核定量时，可由纳税人报请重新审定。

定期定额征收

定期定额征收，是指由税务机关对纳税人一定经营时期内的应纳税收入和应纳税所得额进行核定，并以此为计税依据计算应纳税额，分期征收税款的一种征收方式。适用于一些没有记账能力，无法查实其销售收入或营业收入和所得额的个体或小型工商业户。

自核自报自缴

自核自报自缴，简称“三自”纳税，是指对纳税人的应纳税额，由纳税人自行计算，自行填写缴税凭证，自行向当地国库按期缴纳税款的一种征收方式。这种方式是国际上通行的自行申报纳税制度，也是近几年来我国《税收征管法》所倡导的要求税务机关建立、健全的征收方式。采用这种征收方式要求纳税人有较强的纳税意识和健全的经济核算制度，并且必须经过当地税务机关的审核批准。

代扣代缴

代扣代缴，是指依法负有扣缴义务的单位和个人，在向纳税人支付款项时，从所支付的款项中依法直接扣除纳税人的应纳税款，然后代其向税务机关解缴的一种征收方式。实行代扣代缴的目的在于对零星分布不均的税源实行源泉控制。目前我国对纳税人课征的个人所得税、预提所得税均采取代扣代缴的源泉扣缴方式。

代收代缴

代收代缴，是指依法负有收缴义务的单位和个人，在向纳税人收取款项时，从所收取的款项中依法直接收取纳税人的应纳税款，然后代其向税务机关解缴的一种征收方式。实行代收代缴的目的在于对难以征收的领域实行源泉控制。根据目前我国消费税法相关规定，委托加工产品，由委托方在收取其加工费时，代收委托方的应纳税款，然后再向税务机关解缴。

委托代征

委托代征，是指税务机关根据有利于税收控管和方便纳税的原则，可以按照国家有关规定委托有关单位和人员代征零星分散和异地缴纳的税收，并发给委托代征证书的一种征收方式。目前，我国各地对于少数零星、分散的税源，一般委托街道办事处、居委会、村委会等代征税款。委托代征不同于代扣代缴、代收代缴，后两者是扣缴义务人应尽的法定义务，而前者只是一种委托代理关系，受托人可以拒绝。

邮寄申报征收

邮寄申报征收，是指经税务机关审核，纳税人可以通过邮寄的方式解缴税款。这种方式主要适用于那些有能力纳税、信誉度较高，但用其他方式纳税不方便的纳税人。

其他征收方式

除上述征收方式以外，还有其他一些征收方式，如利用网络、IC 卡、交通卡等纳税。根据《税收征收管理法实施细则》第四十条，税务机关应当根据方便、快捷、安全的原则，积极推广使用支票、银行卡、电子结算方式缴纳税款。

◆ 税款征收的主管和管辖

税款征收的主管是不同类别的征税机关之间税款征收权的划分；管辖是同类征税机关之间征税范围的划分。主管和管辖是征税机关依法行使征税权、纳税主体依法履行纳税义务的前提条件。科学合理的主管和管辖有利于防止

专家提醒

无论采取何种征收方式，税务机关收到税款后，都应当向纳税人开具完税凭证。由于各种征收方式各有其特点，适用于不同的纳税人，因此在实践中应用的广度也不同。随着我国征管水平的提高和纳税申报的普及，查账征收、自核自报自缴、代扣代缴以及代收代缴征收正成为我国最重要的税款征收方式。

逃税和避免重复征税，保证税款足额及时入库。

主管主要是在税务机关和海关之间划分征税权。目前海关主管的税种主要有关税、船舶吨税及进口环节的增值税、消费税，其他的税种基本都属于税务机关主管。管辖中最为重要的就是地域管辖，地域管辖从纳税主体的角度说，主要就是“纳税地点”的问题，即纳税人应该向哪里的纳税机关申报并缴纳税款。税法上的“纳税地点”主要有：纳税人所在地、财产所在地、商品销售地、劳务发生地或营业地等。纳税主体应当根据具体情况，分别选择到以上各地申报纳税。

税款征收的主管和管辖

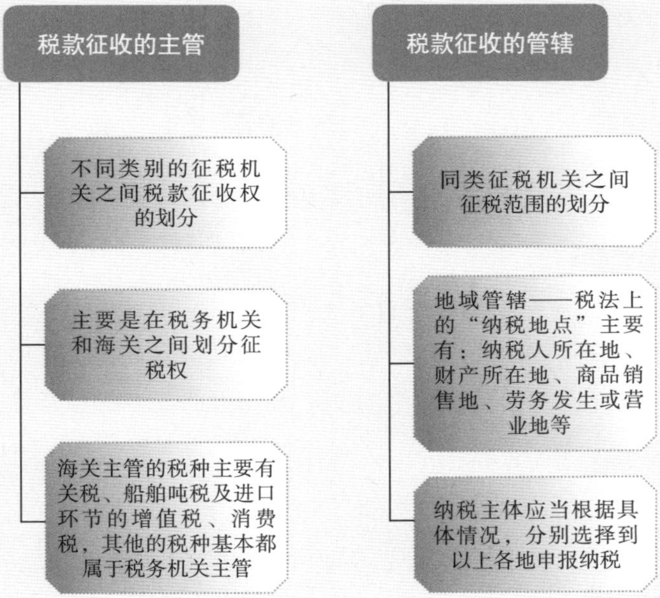

◆ 税款征收措施

税款征收措施是指保证税款及时征收入库所采取的措施，主要有加收滞纳金、税额核定、税收强制执行措施、税收保全措施、欠税清缴措施、税款追征和补缴措施等。

加收滞纳金

纳税人未按规定期限缴纳税款的，扣缴义务人未按规定期限解缴税款的，税务机关除责令其限期缴纳外，从滞纳税款之日起，按日加收滞纳税款万分之五的滞纳金。对偷税行为应当加收滞纳金。拒绝缴纳滞纳金的，可以强行划拨或者强制征收。

税额核定

纳税人有下列情形之一的，税务机关有权核定其应纳税额：

（1）依照法律、行政法规的规定可以不设置账簿的；

（2）依照法律、行政法规的规定应当设置但未设置账簿的；

（3）擅自销毁账簿或者拒不提供纳税资料的；

（4）虽设置账簿，但账目混乱或者成本资料、收入凭证、费用凭证残缺不全，难以查账的；

（5）发生纳税义务，未按照规定的期限办理纳税申报的，经税务机关责令限期申报，逾期仍不申报的；

（6）纳税人申报的计税依据明显偏低，又无正当理由的。

税收强制执行措施

税收强制执行措施是指纳税人不履行法律、行政法规规定的纳税义务，有关国家机关采用法定的强制手段，强迫纳税人履行纳税义务的行为。

从事生产、经营的纳税人未按规定的期限缴纳或者解缴税款的，纳税担保人未按规定的期限缴纳所担保的税款的，由税务机关责令限期缴纳，逾期仍未缴纳的，经县以上税务局（分局）局长批准，税务机关可以采取下列强

雷区

纳税人对税务机关核定的应纳税额有异议的，应当提供相关证据，经税务机关认定后，调整应纳税额。纳税人与关联企业之间的业务往来，不按照独立企业之间的业务往来作价的，税务机关可以依法调整其计税收入或者所得额，核定其应纳税额。

税额核定的原因

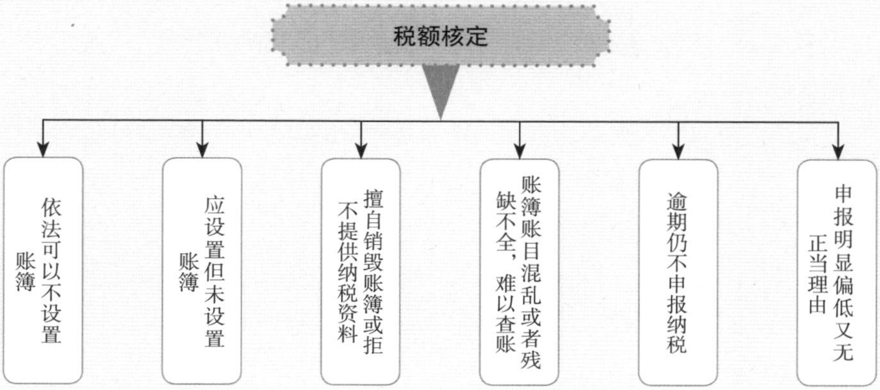

制执行措施：

（1）书面通知纳税人开户银行或者其他金融机构从其存款中扣缴税款；

（2）扣押、查封、拍卖或者变卖纳税人价值相当于应纳税款的商品、货物或者其他财产，以拍卖、变卖所得抵缴税款。

在扣缴税款的同时，可处以不缴或少缴税款50%以上5倍以下的罚款。采取税收强制措施时，对纳税人、扣缴义务人、纳税担保人未缴纳的滞纳金必须同时强制执行。对纳税人已缴纳税款，但拒不缴纳滞纳金的，税务机关可以单独对纳税人应缴而未缴的滞纳金采取强制执行措施。

税收保全措施

税收保全措施是指税务机关在规定的纳税期之前，如发现由于纳税人的行为或某种客观原因可能导致税款征收难以得到保证时，而采取的限制纳税人处理或转移其应税商品、货物或其他财产的强制措施。税务机关采取税收保全措施的目的是为了保证国家税款的及时、足额入库。

（1）采取税收保全措施的前提和条件。

①税务机关采取税收保全措施的前提是从事生产、经营的纳税人有逃避纳税义务的行为。

②采取税收保全措施应符合下述条件：在规定的纳税期之前和责令限期

缴纳应纳税款的限期内；有明显的转移、隐匿其应税的商品、货物或其他财产的迹象；纳税人不能提供纳税担保；经县以上税务局（分局）局长的批准。

（2）税收保全措施的形式。

①书面通知纳税人开户银行或者其他金融机构冻结纳税人的金额相当于应纳税款的存款。

②扣押、查封纳税人的价值相当于应纳税款的商品、货物或者其他财产。

（3）采取税收保全措施的程序。

①责令纳税人提前缴纳税款。

②责令纳税人提供纳税担保。在缴纳税款的限期内，如纳税人有明显转移其应税商品、货物以及其他财产迹象时，税务机关可以责令纳税人提供纳税担保。

③冻结纳税人的存款。纳税人不能提供担保的，经县级以上税务局（分局）局长批准，税务机关可以冻结纳税人的存款，冻结存款额以应纳税额为限。

④查封、扣押纳税人的商品、货物或其他财产。如果纳税人在其开户银行或者其他金融机构中没有存款，或者税务机关无法掌握其存款情况时，可以查封、扣押纳税人的商品、货物或其他财产。税务机关在采取该项措施时，必须由两名以上税务人员执行，并通知被执行人。查封时必须开付清单，扣押必须开付收据。

（4）税收保全措施的解除、终止。

①纳税人在规定期限内缴纳了应纳税款的，税务机关应当自收到税款或者银行转回的完税凭证之日起 1 日内解除税收保全措施。

②纳税人超过规定的期限仍不缴纳税款的，经税务局（分局）局长批

专家提醒

税收强制执行措施适用于纳税人、扣缴义务人和纳税担保人。个人及其所扶养的家属维持生活必需的住房和用品，不在强制执行范围之内。

准，终止税收保全措施，转入税收强制执行程序。

欠税清缴措施

欠税是指纳税人未按规定期限缴纳税款，扣缴义务人未按照规定期限解缴税款的行为。在欠税清缴方面可采取以下措施。

（1）严格控制欠缴税款的审批权限。

缓缴税款的审批权限集中在省、自治区、直辖市国家税务局、地方税务局。

（2）严格限定欠税缴纳期限。

从事生产、经营的纳税人、扣缴义务人未按照规定的期限或者解缴税款的，纳税担保人未按照规定期限缴纳所担保税款的，由税务机关发出限期缴纳税款的通知书，责令缴纳或者解缴税款的最长期限不超过15日。

（3）严格出境清税制度的管理。

欠缴税款的纳税人及其法定代表人需要出境的，应当在出境前向税务机关结清应纳税款或者提供担保。否则，税务机关可通知出境管理机关阻止其出境。

（4）保证欠税清缴的其他措施。

①改制纳税人的欠税清缴制度。纳税人有合并、分立情形的，应当向税

雷区

采取税收强制执行措施时应注意以下问题。

（1）实施扣押、查封、拍卖或者变卖等强制措施时，应当通知被执行人或其成年家属到场，否则不能直接采取扣押、查封措施。

（2）扣押、查封、拍卖或者变卖被执行人的商品、货物或者其他财产的数额应以应纳税额和滞纳金等为限。当商品、货物或者其他财产的价值超过应纳税额、滞纳金等且不可分割时，如无其他可供强制执行的财产，可整体扣押、查封和拍卖。

（3）实施扣押、查封时，对有产权证件的动产或者不动产，税务机关可以责令当事人将产权证件交税务机关保管，同时可以向有关机关发出协助执行通知书，有关机关在扣押、查封期间不再办理该动产或者不动产的过户手续。

（4）必须由两名以上税务人员执行，并通知被执行人，拒不到场的，不影响执行。扣押的，开收据；查封的，开清单。

税收保全措施

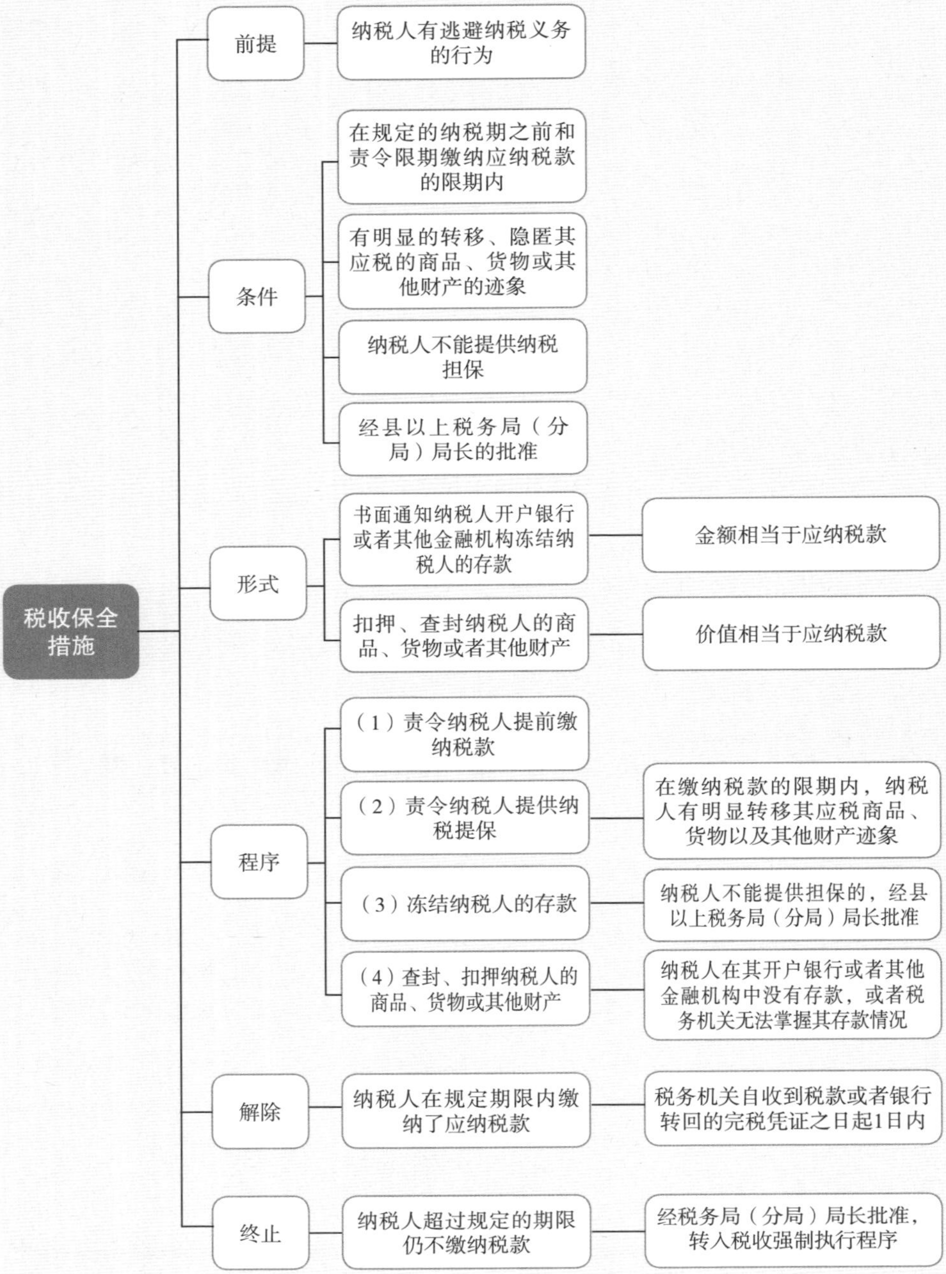
税收保全措施
前提
纳税人有逃避纳税义务的行为
条件
在规定的纳税期之前和责令限期缴纳应纳税款的限期内
有明显的转移、隐匿其应税的商品、货物或其他财产的迹象
纳税人不能提供纳税担保
经县以上税务局（分局）局长的批准
形式
书面通知纳税人开户银行或者其他金融机构冻结纳税人的存款
金额相当于应纳税款
扣押、查封纳税人的商品、货物或者其他财产
价值相当于应纳税款
程序
（1）责令纳税人提前缴纳税款
（2）责令纳税人提供纳税担保
在缴纳税款的限期内，纳税人有明显转移其应税商品、货物以及其他财产迹象
（3）冻结纳税人的存款
纳税人不能提供担保的，经县以上税务局（分局）局长批准
（4）查封、扣押纳税人的商品、货物或其他财产
纳税人在其开户银行或者其他金融机构中没有存款，或者税务机关无法掌握其存款情况
解除
纳税人在规定期限内缴纳了应纳税款
税务机关自收到税款或者银行转回的完税凭证之日起1日内
终止
纳税人超过规定的期限仍不缴纳税款
经税务局（分局）局长批准，转入税收强制执行程序

务机关报告，并依法缴纳税款。纳税人合并时未缴纳税款的，应当由合并后的纳税人继续履行未履行的纳税义务；纳税人分立时未缴纳税款的，分立后的纳税人对未履行的纳税义务应当承担连带责任。

②税务机关可对欠缴税款的纳税人行使代位权、撤销权。

③大额欠税处分财产报告制度、欠税公告制度等。

税款追征、补缴

因纳税人、扣缴义务人计算失误等，未缴或少缴税款的，税务机关在 3 年内可以追征税款、滞纳金；有特殊情况的追征期可以延长到 5 年。对于纳税人、扣缴义务人和其他当事人偷税、抗税和骗取税款的，追征没有期限限制。

因税务机关责任，致使纳税人、扣缴义务人未缴或者少缴税款的，税务机关在 3 年内可要求纳税人、扣缴义务人补缴税款，但是不得加收滞纳金。

追征和补缴税款的期限，从纳税人、扣缴义务人应缴未缴或者少缴之日起计算。

欠税清缴措施

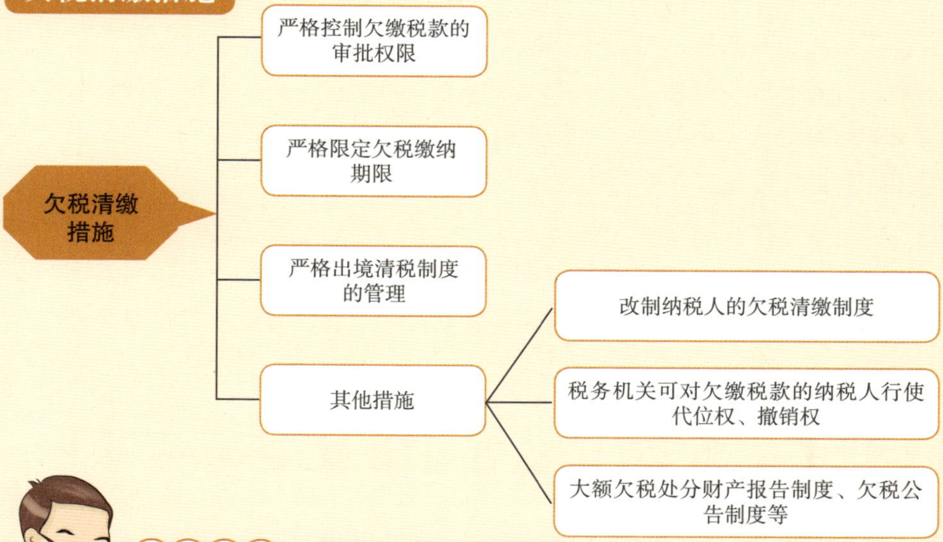
欠税清缴措施
严格控制欠缴税款的审批权限
严格限定欠税缴纳期限
严格出境清税制度的管理
其他措施
改制纳税人的欠税清缴制度
税务机关可对欠缴税款的纳税人行使代位权、撤销权
大额欠税处分财产报告制度、欠税公告制度等

专家提醒

税收方式的选择，一要简便易行；二要提高办税效率；三要降低费用；四要保持相对稳定；五要以法的形式明确下来，有法可依、坚决执行。

接待税务人员的原则和流程

税务机关到企业检查纳税情况属于正常现象，可是，不少企业就是担心对税务人员招待不周。因此，每次税务机关开展专项检查，不少企业都是诚惶诚恐，唯恐招待不周，不管检查时间再长、工作再忙也要细心陪着。诚然，企业是无法回避税务机关的正常检查。那么，企业该如何正确应对税务机关的检查？如何避免税务处罚和税务负担？如何减少税务上的麻烦，降低税务成本和风险？

◆ 接待原则

与现代社交礼仪一样，接待税务人员的一般原则有以下几个。

（1）热情友好原则。

接待人员对税务人员热情的问候、谦和的说话，能够消除税务人员的陌生感，营造一种良好的交往气氛，让税务人员产生宾至如归的温暖感，从而留下一个良好的第一印象。接待人员时刻保持友好真诚的微笑，再配以亲切的招呼和得体的仪态，更会使税务人员感到如沐春风。

（2）细致周到原则。

接待工作讲究细节，关注成效。重大的接待工作更容不得半点马虎，必须处处留心、周密考虑、谨慎行事。要事先制定出符合税务人员身份的完善

雷区

大部分企业在接到《纳税稽查通知书》，甚至稽查局大队人马突袭检查时，茫然不知所措，心中充满畏惧。企业负责人和财务经理在国税局通知做“笔录”时惊慌害怕，于是努力去寻找几处“不合税法规定的行为请求补税宽大处理”。这是由于不了解税务稽查，不了解双方法定权利义务，不了解本企业对税法的遵从度水平和法律责任的结果。

的接待工作方案和实施细则，详细安排检查、就餐等各项日程活动，充分考虑到各方面的细节。接待人员还要学会“眼观六路，耳听八方”，留意和体会税务人员的每一个眼神、每一个动作、不经意的每一句话，以便灵活应对，做到周到服务。

（3）身份对等原则。

身份对等是指接待人员和税务人员的身份应该大体相当，以体现对税务人员的重视和尊重。另外，接待规格要保持相对的规范性。

（4）礼仪适度原则。

礼仪要求人和人打交道保持适当距离，距离产生美感，适当的距离也体现了对对方的尊重。接待税务人员既要让人感到舒适，又必须注意不要“热情越位”，礼仪过度有时反而会使来宾感到不适或尴尬。适度的礼仪应该是谦虚有礼，朴实大方，不卑不亢，以礼相待。

对税务人员的接待原则

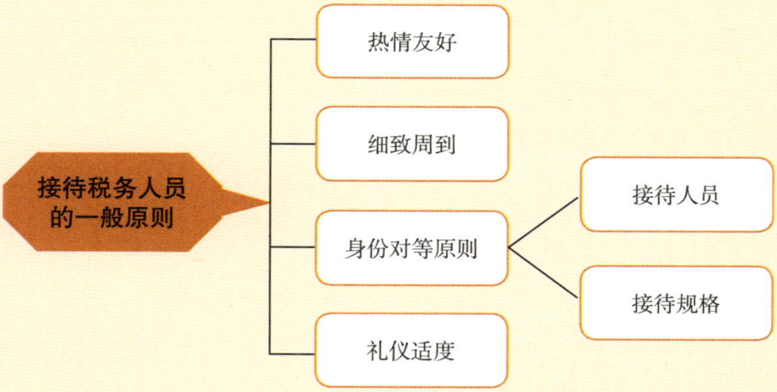

◆ 接待税务人员的程序

接待税务人员的程序可以分为接待准备工作、迎接税务人员、招待税务人员和礼送税务人员四个步骤。

接待税务人员的程序

接待准备工作 → 迎接税务人员 → 招待税务人员 → 礼送税务人员

接待准备工作

企业接待准备工作具体需要完成以下几方面的准备。

1．了解税务人员情况和来访目的。

企业应仔细了解税务人员的主要目的，明确其来访意图。

2．制订接待计划。

根据来宾的要求和工作需要，制定大致的行程安排，对接待标准、交通工具、费用开支、日程安排等逐项做出计划。重要的接待工作要制作接待计划书或接待手册。接待计划书或接待手册一般应包括：

（1）接待缘由、背景、重要性和指导性思想；

（2）接待原则；

（3）接待步骤和措施；

（4）接待工作负责人和负责单位；

（5）接待计划需要报送审查的领导或单位等内容。

3．安排接待人员、食宿。

安排接待人员。负责接待的人员，要品貌端正、举止大方、口齿清楚，具有一定的文化素养，最好是公司的税务管理人员和经理。

安排餐饮时，要事先和对方工作人员联系，了解税务人员的饮食习惯，然后确定就餐场所。

4．布置场所，美化环境。

在布置接待场所时，要注意以下几项内容。

（1）注意接待场所的清洁、照明和温度。

一个整齐干净的环境会让客人感觉舒适。照明一定要充足，室内空调的温度应配合季节及气候调整，让宾客感觉舒适。

另外，还要准备一些必备的文具用品和可能用得上的相关资料。

（2）准备茶点和水果。

茶具可因客人不同的需要而准备，但必须事先备全。

准备水果时，水果要保证新鲜，外观色泽要明亮。

迎接税务人员

迎接宾客要注意以下事项。

1. 如果可能，要掌握税务人员到达的时间，确保提前 10 ～ 15 分钟迎候，绝对不能让税务人员在那里等你，迟到是非常不礼貌的。

2. 问候寒暄后，要主动帮税务人员提拿行李。拿行李的时候，注意不要拿客人的手提包或公文包，因为里面一般是税务人员放贵重物品或隐私物件的。

招待税务人员

当税务人员到来时，很多企业从上到下都如临大敌，这是因为每家企业或多或少都会存在税务问题，无论是企业故意偷税还是因为疏忽而漏税，一旦被税务机关发现问题，轻则补税交滞纳金，重则罚款甚至承担刑事责任。

税务机关处于强势地位，企业应该认真配合税务人员，通过沟通，改正错误，减少处罚带来的经济损失。企业应该做好以下几点。

1. 企业接到税务机关的稽查通知后，应准备有关资料，安排财务或办税人员配合税务人员的稽查，不能采取躲避的方式。

根据《中华人民共和国税收征收管理法》规定：企业、扣缴义务人逃避、拒绝或者以其他方式阻挠税务机关检查的，由税务机关责令改正，可以处一万元以下的罚款；情节严重的，处一万元以上五万元以下的罚款。

2. 稽查人员开始检查前，企业可核对税务人员的稽查证件，如有不符，可拒绝接受稽查。

3. 了解税务稽查人员的来意和需要配合的事项，积极支持税务人员的稽查。对一些不该让企业了解的事情不问，尤其是对一些举报案件，有关举报人的任何情况都不能询问。

接待准备工作

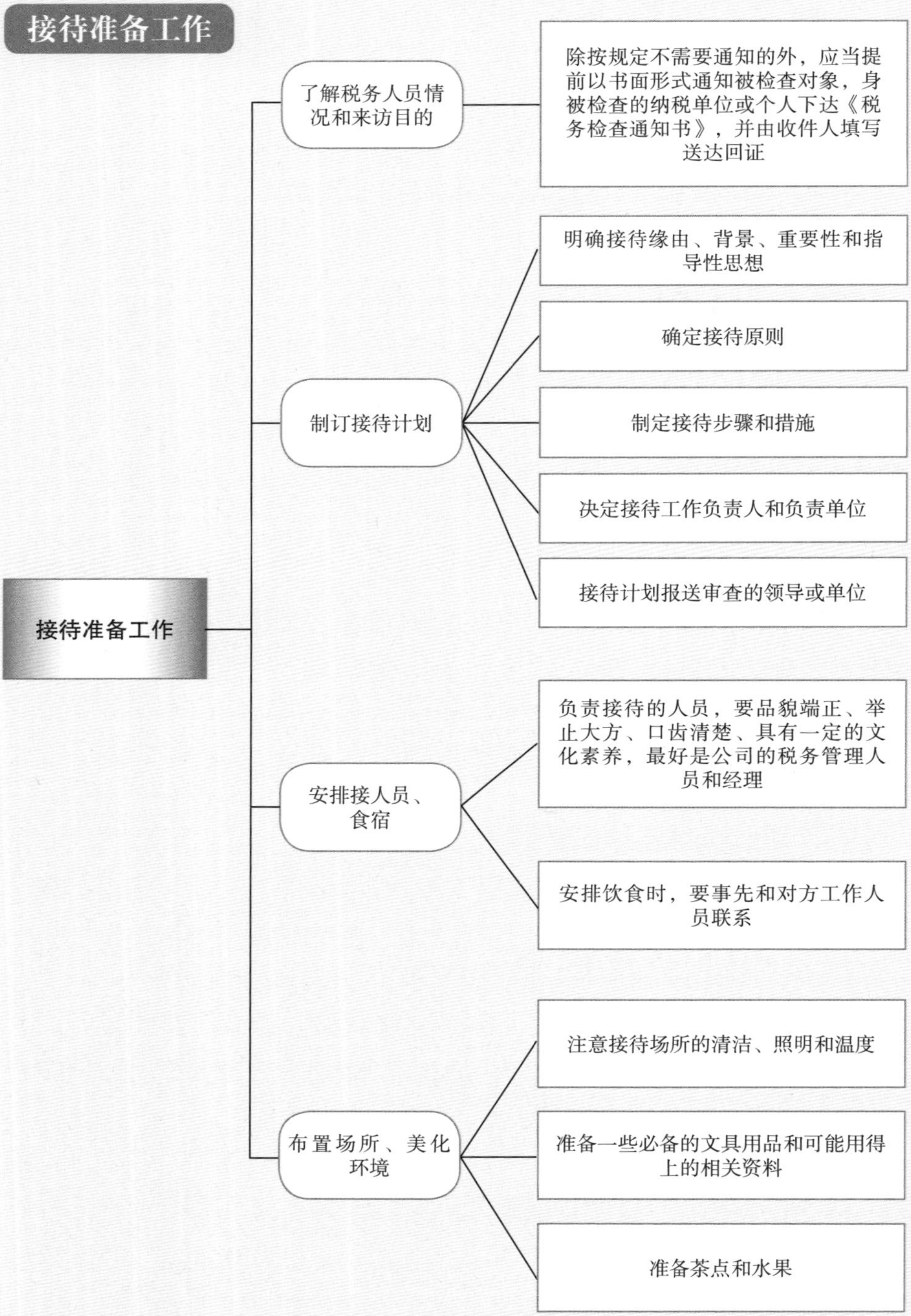
接待准备工作
了解税务人员情况和来访目的
除按规定不需要通知的外，应当提前以书面形式通知被检查对象，身被检查的纳税单位或个人下达《税务检查通知书》，并由收件人填写送达回证
制订接待计划
明确接待缘由、背景、重要性和指导性思想
确定接待原则
制定接待步骤和措施
决定接待工作负责人和负责单位
接待计划报送审查的领导或单位
安排接人员、食宿
负责接待的人员，要品貌端正、举止大方、口齿清楚、具有一定的文化素养，最好是公司的税务管理人员和经理
安排饮食时，要事先和对方工作人员联系
布置场所、美化环境
注意接待场所的清洁、照明和温度
准备一些必备的文具用品和可能用得上的相关资料
准备茶点和水果

4. 税务稽查人员要求的有关账簿、凭证、报表和资料提供出以后，对税务人员的具体稽查，要主动回避，不干扰稽查工作的正常进行。

5. 税务人员需要深入车间、仓库、工地、门市部、收购部、销售等部门进行实地观察、调查了解、查阅原始记录，与账证进行核对时，需要企业给予配合的，有关人员应陪同前往。

6. 企业对税务人员的稽查如有不同意见和理由，可以如实向税务稽查人员陈述自己的意见和理由，积极向税务稽查人员提供生产经营情况等有关资料，以便税务稽查人员全面掌握情况。

招待税务人员

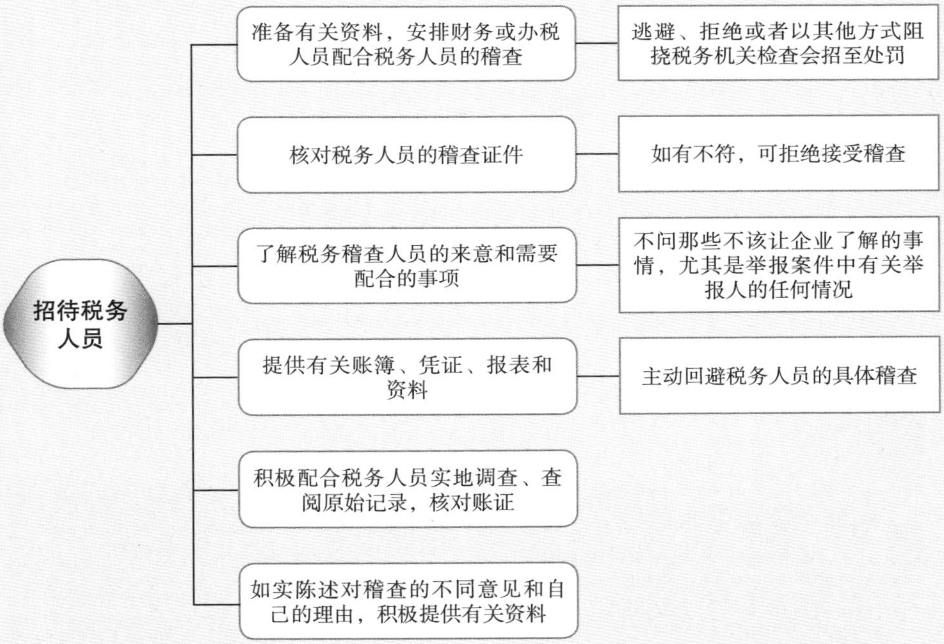
招待税务人员
准备有关资料，安排财务或办税人员配合税务人员的稽查
逃避、拒绝或者以其他方式阻挠税务机关检查会招至处罚
核对税务人员的稽查证件
如有不符，可拒绝接受稽查
了解税务稽查人员的来意和需要配合的事项
不问那些不该让企业了解的事情，尤其是举报案件中有关举报人的任何情况
提供有关账簿、凭证、报表和资料
主动回避税务人员的具体稽查
积极配合税务人员实地调查、查阅原始记录，核对账证
如实陈述对稽查的不同意见和自己的理由，积极提供有关资料

此外，接待税务人员的过程中，企业也要注意以下几点。

1. 税务机关进行税务检查时，派出的人员应在两个或两个以上，并要出示税务检查证和税务检查通知书；未出示税务检查证和税务检查通知书，或者检查人员不到两个的，被检查人有权拒绝检查。

2. 查银行账和调账需要局长审批。税务人员要查询企业、扣缴义务人在银行或者其他金融机构的存款账户，须经县以上税务局（分局）局长批准，凭全国统一格式的检查存款账户许可证明方可实施。税务机关在调查税收违法案件时，经设区的市、自治州以上税务局（分局）局长批准，可以查询案件涉嫌人员的储蓄存款。

3. 经县以上税务局（分局）局长批准，可以将企业、扣缴义务人以前会计年度的账簿、记账凭证、报表和其他有关资料调回税务机关检查，但是税务机关必须向企业、扣缴义务人开付清单，并在 3 个月内完整退还；有特殊情况的，经设区的市、自治州以上税务局局长批准，税务机关可以将企业、扣缴义务人当年的账簿、记账凭证、报表和其他有关资料调回检查，但是税务机关必须在 30 日内退还。

4. 通过税务稽查之后，企业可能要补缴税款，千万不可以逃避缴税。企业欠缴的税款，税务机关可以无限期追征。对逃避追缴税款的企业，税务机关不仅要追缴税款和滞纳金，还要并处欠缴税款 50% 以上、5 倍以下的罚款；构成犯罪的，要追究刑事责任。

专家提醒

税务稽查虽然耗费企业大量精力，令一些管理人员有所畏惧，但税务稽查完毕税务机关必须出具《查账报告》，对该企业是否存在税收违法事实做出结论。发现违法事实的，依法处理后，以后将不再追究。未发现违法事实的，一般情况下以后也不再重复稽查（举报、上级抽查等特殊情况除外）；超过 5 年则一般不再追究处罚。这客观上是对企业履行税法义务情况的一个阶段性鉴定。对企业来讲，经过鉴定，其税务风险的不确定性就基本消除。因此，稽查也是一种收获。相反，那些多年未接受税务稽查的企业，一旦发生稽查，就需要将所有未检查的年份一并检查。

礼送税务人员

礼送税务人员是接待工作的最后一个环节，也是非常重要的一个环节。中国有句老话说，“迎人迎三步，送人送七步”，表达的就是送客的重要意义。

送客一定要讲求礼节，如果做得不好，可能会使整个接待工作留下败笔，给税务人员留下不好的印象，这与税务人员良好关系的构建不利。

雷区

税务检查时容易出现哪些超越职权甚至违法的行为？

1. 非法行使搜查权。

国内税务机关不享有签发搜查令的权力，只有警察、检察院、法院才有权力行使搜查权，稽查工作人员不具有警察的身份和职权。稽查人员在突袭检查企业营业场所时，遇到企业不打开保险柜、不打开办公桌，以及怀疑企业将纳税资料带入私人居住场所，均只能依法要求企业主动交出，而无权破坏企业经营财产，也无权直接搬走保险柜、办公电脑，更无权闯入公民私宅，搜查所期望的资料。否则，触犯《刑法》第二百四十五条。有的税务机关工作人员凭一纸《纳税检查通知书》自行撬门扭锁、强搬电脑、闯入员工宿舍打开员工衣箱，是严重的违法行为。

2. 非法行使审讯权。

税务机关享有询问权，即询问企业与纳税有关的问题，企业应予以回答，并对回答的真实性负责（签字确认）。但询问权不同于审讯权。税务检查人员不得对公民进行人身留置，不得要求企业“交代罪行”，更不得强令公民在询问资料上按手印（公民签名即具有法律效力）。在回答询问时，如出现与事实不符的情况，也不能直接指控企业“伪证罪”。

有的税务检查人员混淆两种权力，像公检法机关审讯犯罪嫌疑人一样审讯，甚至恐吓被举报偷税企业负责人或者财务员工，是违法行为。企业有权拒绝直至提出控告。

企业如果遭遇上述非法执法行为，可向检察机关要求追究违法税务人员的刑事责任。

用好申辩权

陈述、申辩权，指纳税人对税务机关实施的具体行政行为，享有进行说明和为自己辩解的权利。行使陈述、申辩权，既可以帮助税务机关在税收执法中做到以事实为根据，以法律为准绳，同时又可以避免税务机关因事实不清、证据不足而导致的执法错误和给纳税人造成不应有的损失。

◆ 陈述、申辩权的行使

从现行法律规定来看，陈述、申辩权的行使是以税务机关所作的具体行政行为为条件的，即在税务机关做出具体行政行为时，纳税人才能行使这一权利。对税务机关所做的决定，如征税、不作为行为、处罚等，纳税人可根据有关的事实数据和资料，讲述作为有关业务或财务处理的理由，并据此作为自己的申辩。陈述、申辩可以是决定前做出，也可以是决定后做出。

◆ 纳税人陈述、申辩的内容

就一般情况而言，纳税人陈述、申辩的内容主要以税务机关做行政决定所依据的事实为内容，客观、公正、真实地陈述自己做了什么，怎么做的，依据是什么，税务机关所认定的事实是否有误，等等。

◆ 陈述、申辩权的意义

税务机关在做出行政决定时必须听取纳税人的陈述和申辩，正确的应当采纳。按照法律规定，拒不听取纳税人陈述和申辩的，税务机关的具体行政

专家提醒

陈述、申辩权是纳税人在税务机关对自己进行行政处罚时应当享有的权利，在税务机关做出具体税务行政行为时要及时行使该项权利，大胆陈述和申辩。

决定不能成立。也就是说，没有听取纳税人陈述和申辩的具体行政决定行为是无效的，对纳税人没有约束力。

作为纳税人之一的企业对税务机关做出的决定，如果有充分的证据证明自己的行为合法，税务机关就不得对其实施行政处罚；即使企业的陈述或申辩不充分合理，税务机关也会向企业解释实施行政处罚的原因。此外，税务机关不会因企业的申辩而加重处罚。

依据陈述权，当事人可以对税务机关给予行政处罚所认定的事实及适用法律是否准确、适当，陈述自己对事实的认定以及主观的看法、意见，同时提出自己的主张、要求的权利。

依据申辩权，当事人应该依法享有的就税务机关拟对其实施的行政处罚进行辩解，并提出反驳意见的权利。陈述申辩权是当事人广泛享有的权利，只要行政决定不利于当事人，当事人就享有此权利。

陈述、申辩权的意义

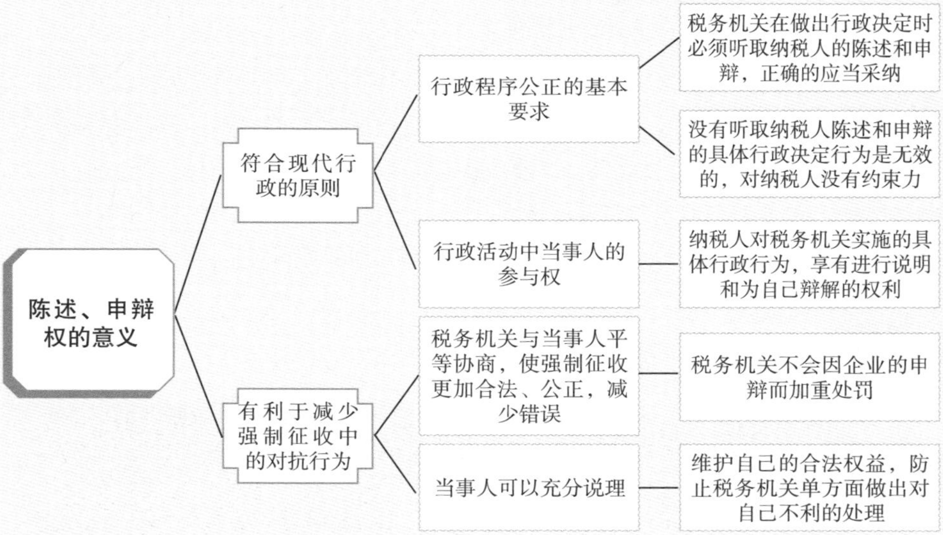
陈述、申辩权的意义
符合现代行政的原则
有利于减少强制征收中的对抗行为
行政程序公正的基本要求
行政活动中当事人的参与权
税务机关与当事人平等协商，使强制征收更加合法、公正，减少错误
当事人可以充分说理
税务机关在做出行政决定时必须听取纳税人的陈述和申辩，正确的应当采纳
没有听取纳税人陈述和申辩的具体行政决定行为是无效的，对纳税人没有约束力
纳税人对税务机关实施的具体行政行为，享有进行说明和为自己辩解的权利
税务机关不会因企业的申辩而加重处罚
维护自己的合法权益，防止税务机关单方面做出对自己不利的处理

◆ 税务机关的义务

税务机关应正确对待当事人的陈述、申辩权。

1．听取当事人的陈述和申辩意见是税务机关的义务。

在陈述和申辩的时限内，当事人都可以进行陈述和申辩。税务机关有义务听取当事人陈述和申辩意见，不得以任何借口拒绝或者阻碍当事人行使陈述和申辩权，否则属于违反法定程序的行为，除非当事人自愿、明确地表示放弃该项陈述或者申辩权利。税务机关不得因陈述和申辩加重不利处理。

2．税务机关应客观和充分听取当事人意见。

税务机关听取当事人意见不能有主观性，不能片面和有选择地听取意见，不能只听取对自己有利的意见，而忽视当事人维护自身合法权益的意见。

3．税务机关应严格程序。

对当事人提出的事实、理由和证据，税务机关应当进行记录、复核。记录的意义在于便于税务机关认真、全面地研究当事人的意见，不能敷衍了事。如果当事人以陈述和申辩程序违法为事由提起行政复议和行政诉讼，税务机关负有举证义务，必须提供书面记录作为证据。

◆ 陈述、申辩权的法律规定

我国的法律建设在维护公民的合法权益方面下了很大的功夫，从税收管理的角度讲，法律扶持是向着纳税人的。既然如此，广大的纳税人理应珍惜法律赋予自己的权利。同时，应该认识到，纳税人站出来维护正当利益，同

专家提醒

申辩权的作用：

1. 被处罚人可以对税务机关实施的行政处罚提出自己的看法和意见；

2. 被处罚人可以对税务机关实施的行政处罚进行辩解并提出反驳意见。

税务机关的义务

- 税务机关应正确对待当事人的陈述、申辩权
  - 税务机关有义务听取当事人的陈述和申辩意见
    - 在陈述和申辩的时限内，当事人都可以进行陈述和申辩
    - 除非当事人自愿、明确地表示放弃该陈述或者申辩权利，否则税务机关不得以任何借口拒绝或者阻碍当事人行使陈述和申辩权
    - 税务机关不得因陈述和申辩加重不利处理
  - 税务机关应客观和充分听取当事人意见
    - 不能有主观性
    - 不能片面和有选择地听取意见
    - 不能只听取对自己有利的意见，而忽视当事人维护自身合法权益的意见
  - 税务机关应严格程序
    - 对当事人提出的事实、理由和证据，税务机关应当进行记录、复核、认真、全面地研究当事人的意见，不能敷衍了事
    - 如果当事人以陈述和申辩程序违法为事由提起行政复议和行政诉讼，税务机关负有举证义务，必须提供书面记录作为证据

样也是强化税收法制建设的表现。

行使申辩权，纳税人不要忘记税务行政复议。税务行政复议是通过行政手段处理税务纠纷的有效途径，当纳税人及其当事人认为税务机关的具体行政行为侵犯其合法权益时，可依法向税务行政复议机关申请行政复议。例如，征税不守法、错误的税务处罚、符合条件不予审批减免税等。

行政复议是纳税人保护自身权益的重要手段。如果纳税人及其他当事人对行政复议不服时，可以依照行政诉讼法的规定向人民法院提起行政诉讼，进入诉讼程序，这时一般要聘请税务律师进行相关的处理。

总而言之，在遇到税收纠纷时，纳税人首先要冷静下来，端正思想，摆正自己的位置，保持平和的心态。认真分析一下产生税务纠纷的原因与主要分歧，分析税务纠纷焦点问题的性质，紧紧围绕税收法规思考和处理税务纠纷，必要的时候要敢于运用法律的武器来维护企业自身的正当利益。

◆ 税务行政复议

税务行政复议是指纳税人、扣缴义务人、纳税担保人等税务当事人或其他行政相对人认为税务机关及其工作人员做出的税务具体行政行为侵犯其合法权益，依法向税务行政复议机关提出复查该具体行政行为的申请，由税务行政复议机关对该具体行政行为的合法性和适当性进行审查并做出裁决的制度和活动。税务行政复议机关是指依法受理行政复议申请、对具体行政行为进行审查并做出行政复议决定的税务机关。

◆ 税务行政复议的特征

税务行政复议是一种行政法律制度，具有纠错的作用，其特征如下。

雷区

当发生税务纠纷时，应该如何处理？这对于纳税人来说是非常棘手的问题。因为在税务管理过程中，纳税人往往处于从属而被动的地位，通俗地说，就是纳税人随时随地都有可能求助于税务机关，接受税务机关的检查、监督和管理。所以，一旦纳税人与税务机关在税收问题上产生矛盾和纠纷，纳税人往往会采取委曲求全的态度，不敢用法律的武器来维护自己的合法权益。

第一，税务行政复议是由税务机关主持的裁决活动。

首先，税务行政复议是国家行政机关主持的活动，而不是由司法机关主持的诉讼活动或由权力机关等主体实施的监督活动。

其次，税务行政复议是由有复议权的税务机关主持的活动。复议权是法律授予对引起争议的具体行政行为进行审查并做出裁决的权力，它既不是税务机关的专有权力，也不是任何税务机关都可行使的权力。按照《行政复议法》的规定，能够行使税务行政复议的机关主要是上一级税务机关和本级人民政府。

第二，税务行政复议申请人以不服税务机关及其工作人员做出的税务具体行政行为为前提，即税务行政复议以税务具体行政行为为审查对象。

税务具体行政行为是指税务机关及其工作人员针对特定的人、特定的具体事项，做出的有关纳税人等税务当事人或其他行政相对人权利义务的单方行为，可直接作为行政相对人履行义务或行政主体强制执行的依据。

对与税务具体行政行为相对应的抽象行政行为，如果属于行政法规、规章等行政立法行为，行政相对人不能申请行政复议，也不能提出审查申请；如果行政相对人认为规章以下的一般抽象行政行为违法，可以在对相应具体行政行为申请复议时，一并提出对该抽象行政行为进行审查的申请。

第三，税务行政复议因不服具体行政行为的利害关系人的申请而发生。

知识拓展

《中华人民共和国行政处罚法》

第六条　公民、法人或者其他组织对行政机关所给予的行政处罚，享有陈述权、申辩权；对行政处罚不服的，有权依法申请行政复议或者提起行政诉讼。

第三十一条　行政机关在做出行政处罚决定之前，应当告知当事人做出行政处罚决定的事实、理由及依据，并告知当事人依法享有的权利。

第三十二条　当事人有权进行陈述和申辩。行政机关必须充分听取当事人的意见，对当事人提出的事实、理由和证据，应当进行复核；当事人提出的事实、理由或者证据成立的，行政机关应当采纳。行政机关不得因当事人申辩而加重处罚。

《中华人民共和国税收征收管理法》

第八条第四款　纳税人、扣缴义务人对税务机关所做出的决定，享有陈述权、申辩权。

当事人提出申请是引起税务行政复议的前提条件。“不告不理”的原则也同样适用于税务行政复议，没有申请人的申请，就启动不了税务行政复议程序，也就无所谓税务行政复议活动。

第四，税务行政复议不仅审查具体行政行为的合法性，而且还审查具体行政行为的适当性。这一特征使行政复议与以审查具体行政行为合法性为原则的行政诉讼区别开来。

第五，税务行政复议与税务行政诉讼衔接方面的特点——复议前置。

对于多数行政争议来讲，行政相对人既可以向复议机关申请行政复议，也可以直接向人民法院提起行政诉讼，通过哪种方式，由相对人自由选择。税务行政复议则不同，按照《中华人民共和国税收征收管理法》和《行政复议法》的规定，对于因征税及滞纳金问题引起的争议，税务行政复议是税务行政诉讼的必经程序，未经复议，行政相对人不能向法院起诉。除此之外的税务争议，如因处罚、保全措施及强制执行等引起的争议，行政相对人则可以选择适用复议或诉讼程序。

◆ 税务行政复议的具体规定

税务行政复议是税务机关针对税收争议问题，根据税收法律、法规的规定，进行审查并做出处理决定的过程，它由申请、受理、审理、复议决定和送达等环节构成。税务行政复议保障了纳税人的合法权益，维护了税务机关执法的权威性，是协调征纳关系的重要渠道。

1. 税务行政复议的管辖权。

税务行政复议管辖权是指税务行政复议机关之间受理税务行政复议案件的职权划分。税务行政复议机构是受理复议申请，依法对具体行政行为进行

专家提醒

纳税人、扣缴义务人或税收担保人认为税务机关的某一行政行为侵害了自己的合法权益，就可以向上一级税务机关提出申诉，申请税务行政复议，由上级税务机关依法裁决税务争议。

税务行政复议的特征

税务行政复议的特征

- 由税务机关主持
  - 税务行政复议是国家行政机关主持的活动，而不是由司法机关主持的诉讼活动或由权力机关等主体实施的监督活动
  - 税务行政复议由有复议的税务机关主持
- 以不服税务机关及其工作人员做出的税务具体行政行为为前提
  - 税务具体行政行为是指税务机关及其工作人员针对特定的人、特定的具体事项，做出的有关纳税人等税务当事人或其他行政相对人权利义务的单方行为，可直接作为行政相对人履行义务或行政主体强制执行的依据
  - 对与税务具体行政行为相对应的抽象行政行为，如果属于行政法规、规章等行政立法行为，行政相对人不能申请行政复议，也不能提出审查申请，如果行政相对人认为规章以下的一般抽象行政行为违法，可以在对相对具体行政行为申请复议时，一并提出对抽象行政行为进行审查的申请
- 当事人提出申请
  - “不告不理”原则
- 不仅审查具体行政行为的合法性，而且还审查适当性
  - 有别于以审查具体行政行为合法性为原则的行政诉讼
- 复议前置
  - 按照《中华人民共和国税收征收管理法》和《行政复议法》的规定，对于因征税及滞纳金问题引起的争议，税务行政复议是税务行政诉讼的必经程序。未经复议，行政相对人不能自法院起诉，除此之处的税务争议，如因外罚、保全措施及强制执行等引起的争议，行政相对人则可以选择适用复议或诉讼程序

审查并做出裁决的税务职能部门。税务复议委员会是县及县以上税务机关设置，代表本级机关行使税务复议职责的机构。

2．税务行政复议的受案范围。

公民、法人、其他组织以及外国人士、无国籍人士和外国组织，对税务机关的征税行为不服所申请的复议，税务机关都应当受理。这些行为包括：

（1）税务机关做出的征收税款行为包括征收税款、加收滞纳金以及委托扣缴义务人做出的代扣、代收税款；

（2）税务机关做出的责令纳税人提缴纳税保证金或提供纳税担保的行为；

（3）税务机关做出的税收保全措施，或者没有及时解除税收保全措施，使纳税人的合法权益遭受损失的行为；

（4）税务机关做出的税收强制执行措施；

（5）税务机关做出的通知进出境管理机关阻止出境行为；

（6）税务机关做出的行政处罚行为，包括罚款、没收违法所得等；

（7）税务机关不予依法办理或者答复的行为，包括不予颁发税务登记证、发售发票、不予审批税收减免或出口退税、不予开具完税凭证和票据等；

（8）法律、法规规定税务机关受理复议的其他具体行政行为。

3．税务行政复议的申请与受理。

（1）税务行政复议的申请。

税务行政复议的申请人是依法提起税务行政复议的纳税人和其他税务当事人。复议申请应在法定的期限内提出。即申请人对税务机关征税行为不服而提出复议的申请，应在缴清税款滞纳金并收到税务机关填发的缴款凭证之日起 60 日内，以书面形式提出复议申请。

申请人对税务机关的行政处罚行为，所做出的税收保全措施、强制执行措施等不服提出复议的申请，要在接到税务机关采取上述措施通知之日起 15 日内提出。

申请人因不可抗拒力或其他正当理由耽误法定申请期限的，申请期限自障碍消除之日起 10 日内，申请延长期限，由复议机关决定是否批准。

（2）税务行政复议的受理。

税务行政复议机关应自收到复议申请之日起 10 日内，对复议申请做出审查，书面答复是否受理的决定，或告之申请人向有关税务机关提出申请。申请人接到复议裁定不予受理的书面报告后，15 日内可直接向人民法院起诉。

4．税务行政复议的审理与决定。

税务行政复议的审理与决定，是复议程序的核心环节。

（1）税务行政复议的审理。

税务行政复议机关受理复议申请后，应在受理之日起 7 日内将《复议申请书》副本发送被申请人。被申请人应当在收到《复议申请书》副本之日起 10 日内，向复议机关提交书面答复，以及做出具体行政行为的有关资料或证据。

税务行政复议机构对申请人与被申请人争执的焦点、争议的事实进行深入地调查取证。在掌握大量事实的基础上，认定下级税务机关的行政行为是否合法与适当。制作《复议决定书》，报请税务复议机关法定代表人签署意见。

复议机关在审查被申请人做出的税务行政行为时，认为其依据不合法，本机关有权处理的，应当在 30 日内依法处理；无权处理的，应当在 7 日内依法转送有权处理的税务机关进行处理。处理期间，中止对税务行政行为的审查。

（2）税务行政复议的决定。

复议决定是指税务行政复议机关对复议案件进行审理后做出的裁决。复议机关经过审理，可做出以下复议决定：

①具体行政行为适用法律、法规、规章和具有普遍约束力的决定、命令正确，认定事实清楚，执法符合法定权限和程序的，决定维持；

②具体行政行为有程序上的不足的，决定被申请人补正；

③被申请人不履行法律、法规和规章规定职责的，决定其在一定期限内

税务行政复议的流程

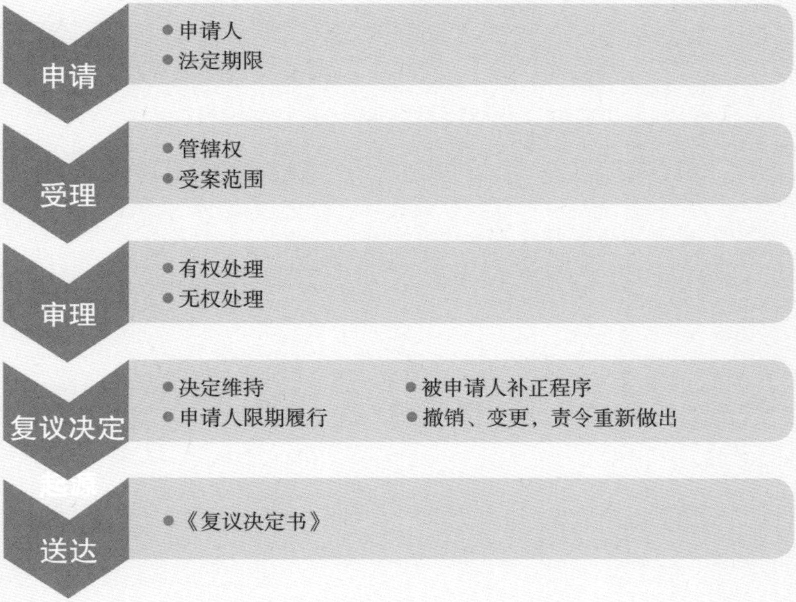

履行；

④具体行政行为有下列情形之一的，决定撤销、变更，并可以责令被申请人重新做出具体行政行为：主要事实不清的；适用法律、法规、规章和具有普遍约束力的决定、命令错误的；违反法定程序影响申请人合法权益的；超越或者滥用职权的；具体行政行为明显不当的。

复议机关在接到复议申请之日起60日内做出复议决定；复议决定后，由复议机关制作《复议决定书》，采用直接送达或邮寄送达给复议参加人。

专家提醒

申请人如对复议决定不服，可自收到《复议决定书》之日起15日内向人民法院提起诉讼。对复议申请人逾期仍未起诉，也不执行复议决定的，税务机关可采取强制执行措施或提请人民法院强制执行。

第8章

税务疑难问题解析

作为非专业人士，老板面对复杂的税务工作，头大如斗、心乱如麻是正常现象，如何从纷乱的报表中找到自己应该主抓的部分，是每个老板都应该修炼的技巧。本章从税务管理的几个要点出发，抓住了这些要点，老板们就能提纲挈领地掌握企业的纳税情况。

本章教你：

- 税负率
- 所得税税负率
- 增值税税负率
- 纳税评估
- 年度总结时的税务往来

税负率

◆ 什么是税负率

税负率是纳税人当期应缴纳的税额占销售收入的比例，通俗地讲就是企业税收负担率。小规模纳税人企业的征收率等于它的税负率，税率为3%。而一般纳税人企业的税率则不同等于税负率，一般纳税人可以抵扣进项税额，所以其税负率通常是低于13%与17%。企业在正常经营的情况下，税负率一般比较平稳，不会有太大的变化。

◆ 税负率的意义

税负率是一个税务部门考核的目标，在税务机关内部设置有一个税率监控系统软件，用来监控纳税企业的纳税情况是否正常，通过计算行业的平均税率值，作为参考标准。税负率会因企业的经营业绩变化而发生变化，如在某一段时期企业的税负率明显低，那说明企业涉税有问题，系统会发出警报，提示该企业是非正常户，税务局则会对企业进行纳税评估或税务稽查。但是税负率只是作为一个参考标准，税务机关不能因此而对企业进行处罚。需要根据企业实际情况的查核，如企业的涉税没有异常，只是经营业务不好导致税负率降低，那就没什么问题。

税负率因行业不同，其标准也不尽相同，它只能算是一个相对指标。税务局根据每个行业的特点，设置了同类型企业的平均税负率和最低值，如果企业的平均税负率低于行业标准，企业老板则需要注意检查自己企业的税负情况了。

专家提醒

我国的税负主要是由间接税构成的，也就是增值税、营业税、消费税、房产税、关税、资源税等税种。

各行业平均税负率表

序号	行业类别	平均税负率	序号	行业类别	平均税负率
1	农副食品加工	3.50	11	纺织品（化纤）	2.25
2	食品饮料	4.50	12	造纸及纸制品业	5.00
3	纺织服装、皮革制品	2.91	13	电力、热力生产供应业	4.95
4	建材产品	4.98	14	电子通信设备	2.65
5	化工产品	3.35	15	工艺品及其他制造业	3.50
6	医药制造业	8.50	16	电气机械及器材	3.70
7	卷烟加工	12.50	17	机械交通运输设备	3.70
8	塑料制品业	3.50	18	商业批发	0.90
9	非金属矿物制品业	5.50	19	商业零售	2.50
10	金属制品业	2.20	20	其他	3

税负率是企业当期要交的增值税除以当期的销售收入，所得的结果就是企业的税负率。

企业税负率的计算公式为：

税负率＝已缴增值税 ÷ 产品销售收入 ×100%。

案例：A企业为增值税一般纳税人企业，所属行为是商业零售行业，该2010年5月缴纳的增值税为8000元，该月的销售收入为300 000万元，那么计算该企业的税负率则为：

8000÷300 000×100%=2.67%

税负率在平均值以上，表示正常

◆　企业税负率低的原因

一般来说，造成企业税负率低的原因主要有以下几种：产品利润降低、采用现金结算、进货量过大、市场环境影响和原材料价格上涨等。

造成企业税负率低的原因

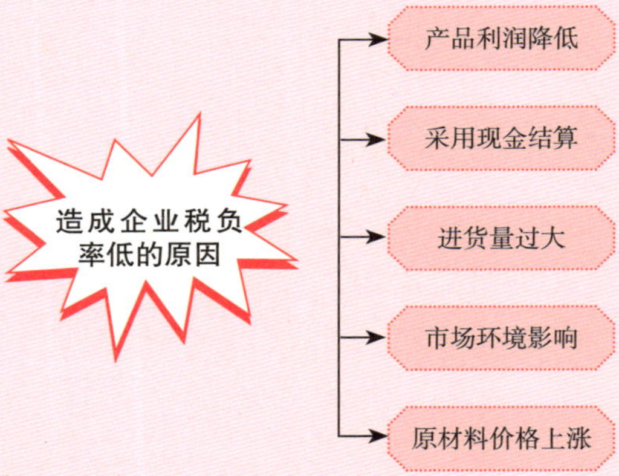

产品利润降低

产品的利润降低主要是由于市场竞争激烈，企业为了获取市场份额，放弃部分利润、将产品的价格降低，以提高产品销售量；或由于一些行业具有鲜明的季节性特点，淡季的时间产品价格较低，利润也相对趋小，只有在旺季的时候销售才有好转。

采用现金结算

企业大部分的购销业务采用现金结算的方式，这样既不用开具发票也不用记账，在纳税申报的时候还可以少报税，从而使企业的税负率普遍低于同行。这样往往会导致企业的财务核算混乱、账面库存与实物不符等现象。

进货量过大

企业在一个时期内进货量大，使企业进项税额大于可抵扣的销项税额，从而使企业这个时期的税负率降低。如企业因生产需要，需购进大量的原材料；或是因为企业管理的因素，如估计可能原材料会上涨，从而大量购买储备材料，造成采购量大增；还有一些就是企业经营中的各个环节协调不好，导致出现盲目采购物资的情况。

市场环境影响

宏观市场环境对企业的经营造成影响，如市场不景气、产品销售不出去等因素导致企业经营收入降低，那么税负率自然也随之降低。

原材料价格上涨

企业生产所需的原材料价格上涨，企业采购的成本增加，但销售价格合同已经定价，无法将采购成本摊销到产品销售中去，那么企业的利润就会降低，税负率也就降低了。

税负率与税率的区别

税负率与税率两者既相互联系，又有所区别。税负率是指企业应缴纳税额与企业实际收入的比例关系，而税率则是指对企业纳税征收比例或征收额度。税率是企业税负率的基础。

税负率是从税务局的角度出发，用一个行业平均的纳税值作指标衡量企业纳税的情况。如果企业的税负率低于平均水平，那么税务机关就会对企业提出疑问，要求企业解释税负率偏低的原因。一般在实际操作中，企业税负率偶尔偏低是正常的现象，只要企业账本没有问题，税务筹划得好，就不怕税务局检查。

企业税负率的高低，从公司的角度来看，是反映经营过程中企业获取利润的能力的大小；从税局的角度来看，则是反映企业经营正常与否，以及有无涉及偷税、逃税的行为。

税率是税法规定的一个固定比率，如一般纳税人的税率是13%或17%，小规模的是3%。而税负率是企业当期已缴纳的税额除以企业当期的营业收入，其结果则是税负率。

各种税负率的计算公式：

增值税税负率＝（销项税额－进项税额）÷ 不含税销售收入 ×100%。

所得税税负率＝应纳所得税额 ÷ 应纳税销售额（应税销售收入）×100%。

主营业务利润税负率＝（本期应纳税额 ÷ 本期主营业务利润）×100%。

印花税税负率＝（应纳税额 ÷ 应税收入）×100%。

所得税税负率

◆ **税负**

税负是指实际应计缴的税款占相对应的应税销售收入的比例。税负可以单指增值税税负、所得税税负和营业税税负等，也可以把所有本年度上缴的所有税款加总计算一个总体税负。

◆ **税负的形式**

税负有比例的、累进的和累退的三种形式。比例的税负是负税人所负税款占其收入的比率不随收入的变化而变化；累进的税负是负税人所负税款占其收入的比率随收入的增加而增加；累退的税负是负税人所负税款占其收入的比率随收入的增加而下降。

税负的形式

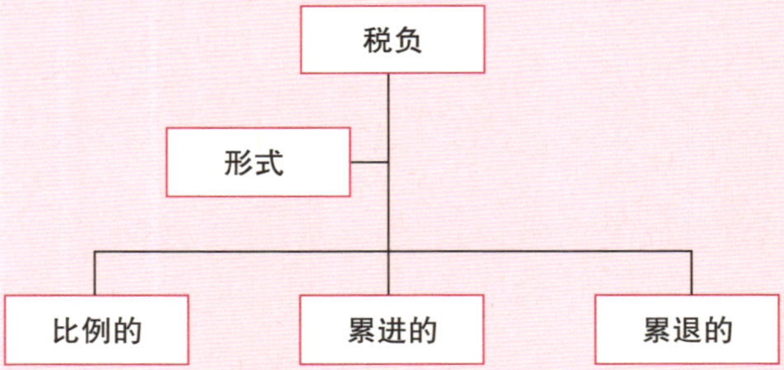

◆ **所得税税负率**

所得税税负率即所得税负担率，即为年度缴纳所得税税额占该企业该年度产品销售总额的百分比。例如，某企业某年度产品销售收入 100 万元，该年度缴纳所得税 3 万元，则所得税税负率为 3% 。

企业所得税税负率计算公式：

企业所得税税负率＝（应纳所得税 ÷ 应税收入）×100%。

增值税税负率

◆　什么是增值税税负率

增值税税负率是指增值税纳税义务人当期应纳增值税占当期应税销售收入的比例，是用于评估企业在一定时期内实际税收负担大小的重要指标。如果企业税负率过高，纳的税过多，对企业不利；如果税负率过低，则会引起税务局的关注。所以，税务机关和纳税人都需要分析企业的税负率是否合理。

◆　判断企业增值税税负率是否合理的方法

判断企业增值税税负率是否合理的方法主要有通过企业的价值链分析、通过企业的生产方式分析、通过企业的运输方式分析、通过企业产品的市场定位分析和通过企业的销售策略分析。

企业增值税税负率是否合理的判断依据

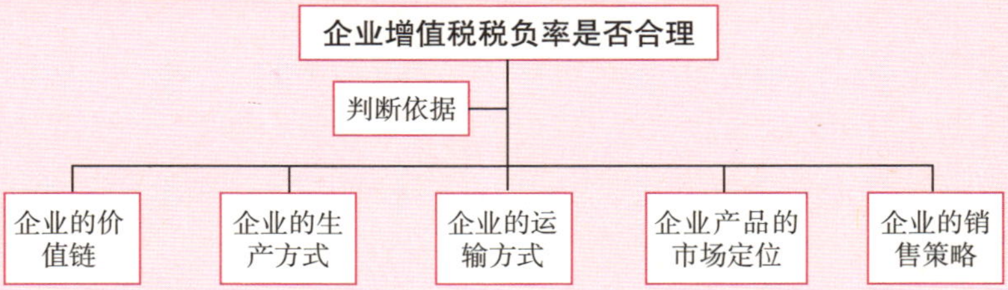

通过企业的价值链分析

企业价值的创造是由一个整体构成的，如制造企业的构成包括研发、设计、生产、销售、行政和人力资源等。这些看似不关联又相互关联的生产经营活动，构成了一个创造价值的经营过程，就是企业价值链。企业各个构成部分会聚在一起，产生的价值增值，往往带来比较高的负税，而如果适当将一些组成部分独立分开，其价值增产增值的税负会比较低。如一些集团公司内部的价值链是分开的，这样可以使企业的税负降低。

案例：如果一家企业生产销售一批产品，产品的销售价为2000元，可抵进项税为900元，如果将生产和销售放在同一家公司，其税负为：

应缴增值税：（2000 － 900）×17%＝ 187（元）；

增值税税负：187÷2000×100% ＝ 9.35%。

如果将生产和销售分开，假设销售给销售公司 1800 元，其税负为：

应缴增值税：（1800 － 900）×17%＝ 153（元）；

增值税税负：153÷1800×100% ＝ 8.5%。

这样把一部分的税负转移给销售公司，减少了企业的税负，而账目上又没有显示异常。由此可以看出，企业价值链分离将会使各个部分的税负降低。除了生产和销售的分立外，企业还可以把研发、设计、人力资源等部分分立出来，企业的价值链越短，其税负也就越低。

通过企业的生产方式分析

企业进行加工制造，期间产生的人工费、折旧费以及其他费用，都不属于可以抵扣的范畴。企业可以将部分的加工产品进行外包加工，这样一来产生的加工费用就可以抵扣税了。在销售额不变的情况下，企业缴纳的增值税减少，税负也随之降低。

例如，甲公司每月的销售额为 100 万元，其中加工费用占 35%。这些产品全部在本企业生产的税负为 5%。如果将一半的产品发外加工，那么企业的税负变化如下：

外发加工增加进项额：100×35% ×50% ×17%≈ 2.98（万元）；

应缴纳的增值税 100×5%－ 2.98=2.02（万元）；

计算出的税负 2.02÷100 ＝ 2.02%。

外发加工使税负降低至 2.02%，原因在于将税负转移到接受委托加工方。

通过企业的运输方式分析

企业销售产品，一般是需要送货到买家指定的地点，如仓库之类的地点，这一行为无形中增加了企业的运输成本。费用的处理一般有两种，一种是买方支付运费，货运公司开具发票给买方；另一种是卖方支付运费，货运

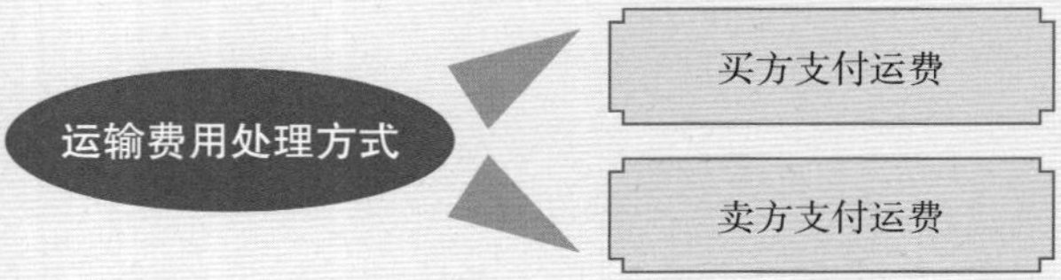

公司开具发票给卖方。两种支付方式的税负差异表示如下：

假设产品售价为800元，如果是买方支付运费的情况，需缴纳增值税5%，即40元；

如果是卖方支付运费，那么会在售价上加上运费，假设运费为100元，（100×17％－100×7％），即10元，税负为：（40＋10）÷（800＋100）≈5.5%。

通过企业产品的市场定位分析

一般分析企业的税负高低时都会与同行进行对比，但是很多时候即使是同行业，企业的市场定位不同，如企业是走高端路线或是走低成本、大销量的路线。不同等级的产品其毛利也不同，如高端产品的利润比较高，企业的税负也就高；低端产品的利润较低，则企业的税负也就低。

通过企业的销售策略分析

企业的销售策略也会对增值税税负产生影响，企业的销售策略一般有两种：推动式和拉动式。推动式销售策略的特点是给予经销商最低折扣优惠、反利、奖励等方式靠他们推动市场销售。拉动式是指企业自己打广告做宣传，创立品牌以博得消费者认同，从而拉动市场销售。

案例：如A企业生产一种产品，售价是2000元，可以抵扣成本为600元。两种不同销售模式产生的税负差别为：

推动式：商品以市场价的7.5折批发给经销商。

应缴增值税：（2000×75%－600）×17%＝153（元）；

税负：153÷（2000×75%）×100%=10.2%。

拉动式：商品以市场价的8.5折批发给经销商，另行投入150元的广告宣传费。

应缴增值税：（2000×85%－600）×17%=187（元）；

税负：187÷（2000×85%）×100%=11%。

专家提醒

增值税税负率有其特殊征收率，4%征收率减半征收，是一般纳税人销售自己使用过的不得抵扣且未抵扣进项税额的固定资产。

纳税评估，到底评估什么？

◆ **纳税评估**

纳税评估是指税务机关对纳税人在一定时期内的纳税义务的履行情况进行的综合评价和分析。即查核纳税人申报纳税额的真实性和准确性。

纳税评估一般是通过税务约谈、税务函告和实地调查等方式进行，做出纳税评估判断，并对结果采取相应的管理措施。如企业或其他纳税人在某一时期的税负情况异常，税务机关税务监控系统会及时发出警报提示，税务机关则会对纳税人的纳税义务履行情况进行纳税评估，一般是根据企业历史资料加以核实，以及与同行企业作比较。

◆ **纳税评估的作用**

纳税评估的作用主要体现在以下三个方面：有效防止虚假的纳税申报手段、是纳税服务的一个必要环节、通过纳税评估信息有助于完善税收管理中的不足。

纳税评估的作用

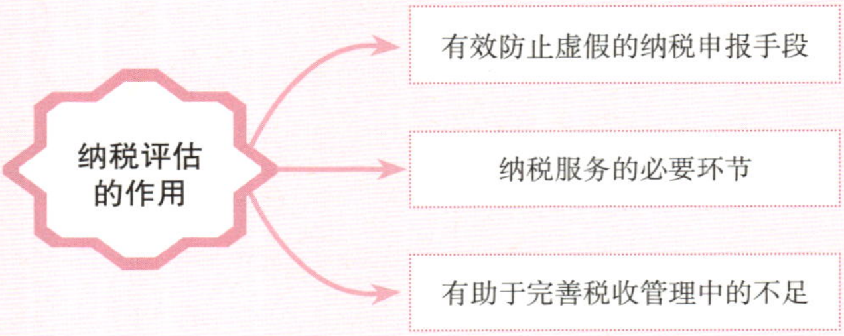

纳税评估可以有效防止虚假的纳税申报手段

纳税评估主要是税务机关通过内部或其他外部渠道收集企业信息，然后对企业的申报纳税情况、企业资金的周转情况进行掌握和分析，从而对企业纳税行为进行监督。

纳税评估是纳税服务的一个必要环节

税务机关对企业进行纳税评估，可以从中发现企业申报纳税行为中的错误和偏差，并予以纠正，从而提高企业纳税和税务机关收税的质量。

通过纳税评估信息有助于完善纳税管理中的不足

税务机关对企业纳税评估的信息和结果，可以帮助协调税务登记、税务管理、发票管理、审批等税务征收管理环节，保证税收管理的各个环节与企业纳税行为的协调性。

◆　纳税评估的流程和步骤

纳税评估工作的程序一般分为五个步骤进行，分别是采集信息、选定评估对象、评估分析、核实认定以及评估结果处理。

纳税评估的第一步骤是采集信息，可以从多种途径进行信息的采集工作，这样采集来的信息在全面性、准确性和详细程度上都较有保障。采集信息的内容一般包括税务机关所掌握的资料，通常是指纳税人税务登记、企业每期报送的财务报表、企业纳税申报资料等的内部资料。除此之外，还可以通过其他外部的收集，如其他行政管理机构、银行机构、证券机构、互联网等渠道收集纳税评估对象的信息。

纳税评估的第二步是选定评估对象，一般税务管理部门对纳税企业的涉税情况进行分析处理之后，对涉税异常的企业（如长期零报税企业、发票使用异常企业、税负偏低等）作为纳税评估对象；或是根据具有共同纳税企业类别、涉税问题有共同疑点的企业等确定为评估对象。

纳税评估的第三步是评估分析，评估分析是税务机关对选定纳税评估的企业进行系统地分析和判断，利用收集来的信息结合企业历年或某个时段的税收情况与同行进行对比，从而发现企业涉税情况的问题。

纳税评估的第四步是核实认定，核实认定是指评估人员对评估企业存在的疑点进行核实和认定，一般是以约谈、询问、实地查核等方式进行。纳税估计中对于有疑点的企业，评估人员一般会以电话询问或约谈的方式进行核实，并做询问或约谈笔录。对于询问和约谈都不能解决的疑点，则会采取实地核实的方式。纳税评估中的核实和认定，征纳双方通过有效交流可以助纳税人对涉税情况有所掌握和了解，避免企业在纳税过程中产生误解或偏差等问题，提高税务管理质量。

纳税评估的第五步是评估结果处理，评估结果处理即税务评估人员通过对企业纳税评估分析、认定后，得出纳税评估结论，并对结论提出相应的处理意见，如检查发现异常，处理一般是要求企业自查补税或移交稽查等。最后对评估行为进行总结、报批。

纳税评估流程图

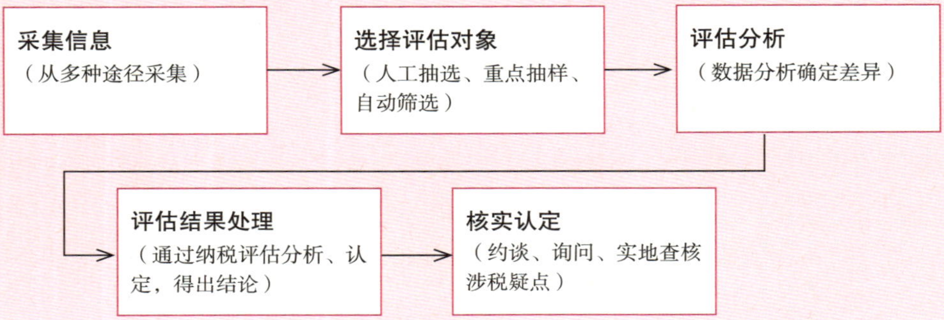

知识拓展

纳税评估是国际通用的一种税收管理制度。在我国，纳税评估还处于初级阶段，而在经济发达的西方国家，普遍都已经建立了完善的纳税评估体系。纳税评估在我国首次被正式提出是在1999年青岛国税局实行增值税纳税评估时，后来，逐渐在其他省市运用。纳税评估在国家征税管理中有效起到了监督管理作用。

年度总结时的税务往来

◆　企业年度总结时的税务往来

一般而言，企业年度总结时要进行的税务往来主要有以下三项。

1. 汇算清缴。对全年的涉税业务进行汇算清缴，需要调整的账项按税法进行调整，该补缴的税款进行补缴。

2. 编制并上报各种税务年报，并进行网上申报。

3. 协助税务机关做好税务年检工作。

但是，在实际工作中税务年报与其他两项工作是有交叉的，因此我们主要介绍税务汇算清缴和税务年检两项内容。

企业年度总结时的税务往来

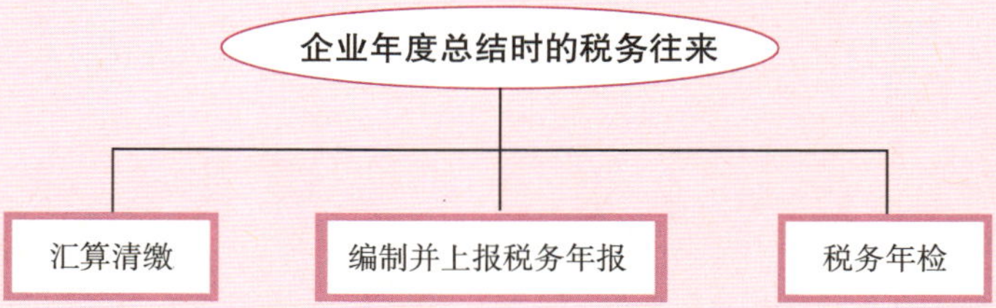

汇算清缴

汇算清缴是指纳税人在纳税年度终了后规定时期内，依照税收法律、法规、规章及其他有关企业所得税的规定，自行计算全年应纳税所得额和应纳所得税额，根据月度或季度预缴的所得税数额，确定该年度应补或者应退税额，并填写年度企业所得税纳税申报表，向主管税务机关办理年度企业所得税纳税申报、提供税务机关要求提供的有关资料、结清全年企业所得税税款的行为。

（1）企业所得税汇算清缴的范围。

凡在纳税年度内从事生产、经营（包括试生产、试经营），或在纳税年度中间终止经营活动的纳税人，无论是否在减税、免税期间，也无论盈利或亏损，均应按照企业所得税法及其实施条例和本办法的有关规定进行企业所得税汇算清缴，包括查账征收所得税的企业和核定征收中定率征收所得税的企业。

实行核定定额征收企业所得税的纳税人，不进行汇算清缴。

（2）企业所得税汇算清缴的时间。

纳税人应当自纳税年度终了之日起5个月内，进行汇算清缴，结清应缴、应退企业所得税税款。

纳税人在年度中间发生解散、破产、撤销等终止生产经营的情形，需进行企业所得税清算的，应在清算前报告主管税务机关，并自实际经营终止之日起60日内进行汇算清缴，结清应缴、应退企业所得税款；纳税人有其他情形依法终止纳税义务的，应当自停止生产、经营之日起60日内，向主管税务机关办理当期企业所得税汇算清缴。

纳税人12月或者第四季度的企业所得税预缴纳税申报，应在纳税年度终了后15日内完成，预缴申报后进行当年企业所得税汇算清缴。

雷区

根据《企业所得税暂行条例》及其实施细则，《外商投资企业和外国企业所得税法》及其实施细则，及其他相关税法之规定，中国对所得税采取按年计算，分月或者分季预缴的，年终再以清缴的方式征收。所谓所得税“汇算清缴”，是指所得税的纳税人以会计数据为基础，将财务会计处理与税收法律法规的规定不一致的地方按照税收法律法规的规定进行纳税调整，将会计所得调整为应纳税所得，套用适用税率计算得出年度应纳税额，与年度内已预缴税额相比较后的差额，确定应补或应退税款，并在税法规定的申报期内向税务机关提交会计决算报表和企业所得税年度纳税申报表以及税务机关要求报送的其他资料，经税务机关审核后，办理结清税款手续。企业所得税汇算清缴工作应以企业会计核算为基础，以税收法规为依据。

汇算清缴报送的资料

纳税人办理企业所得税年度纳税申报时，应如实填写和报送下列有关资料：

（1）企业所得税年度纳税申报表及其附表；

（2）财务报表；

（3）备案事项相关资料；

（4）总机构及分支机构基本情况、分支机构征税方式、分支机构的预缴税情况；

（5）委托中介机构代理纳税申报的，应出具双方签订的代理合同，并附送中介机构出具的包括纳税调整的项目、原因、依据、计算过程、调整金额等内容的报告；

（6）涉及关联方业务往来的，同时报送《中华人民共和国企业年度关联业务往来报告表》；

（7）主管税务机关要求报送的其他有关资料。

纳税人采用电子方式办理企业所得税年度纳税申报的，应按照有关规定保存有关资料或附报纸质纳税申报资料。

知识拓展

根据现行所得税法的规定，凡财务会计制度健全、账目清楚，成本资料、收入凭证、费用凭证齐全，核算规范，能正确计算应纳税所得额，经税务机关认定适用查账征收的企业，均应当在年终进行所得税的汇算清缴。其适用对象具体包括：⑴实行独立经济核算，依法缴纳企业所得税的内资企业或者组织，包括国有企业、集体企业、私营企业、联营企业、股份制企业及有生产、经营所得和其他所得的组织；⑵外商投资企业和外国企业，包括在中国境内设立的中外合资经营企业、中外合作经营企业和外资企业，以及在中国境内设立机构、场所，从事生产、经营和虽未设立机构、场所，而有来源于中国境内所得的外国公司、企业和其他经济组织；⑶个人独资企业和合伙企业投资者个人所得税，包括依法登记成立的个人独资企业、合伙企业，独资、合伙性质的私营企业，合伙制律师事务所，以及经政府有关部门依照法律法规批准成立的负无限责任和无限连带责任的其他个人独资、个人合伙性质的机构或组织。

纳税人的责任

（1）纳税人应当按照企业所得税法及其实施条例和企业所得税的有关规定，正确计算应纳税所得额和应纳所得税额，如实、正确地填写企业所得税年度纳税申报表及其附表，完整、及时地报送相关资料，并对纳税申报的真实性、准确性和完整性负法律责任。

（2）纳税人需要报经税务机关审批、审核或备案的事项，应按有关程序、时限和要求报送材料等的规定，在办理企业所得税年度纳税申报前及时办理。

（3）纳税人未按规定期限进行汇算清缴，或者未报送《管理办法》规定的资料的，按照税收征管法及其实施细则的有关规定处理。

纳税人的权利

（1）延期申报权：纳税人因不可抗力因素，不能在汇算清缴期内办理企业所得税年度纳税申报或备齐企业所得税年度纳税申报资料的，应按照税收征管法及其实施细则的规定，申请办理延期纳税申报。

《中华人民共和国税收征收管理法实施细则》第三十七条规定：纳税人、扣缴义务人按照规定的期限办理纳税申报或者报送代扣代缴、代收代缴税款报告表确有困难，需要延期的，应当在规定的期限内向税务机关提出书面延期申请，经税务机关核准，在核准的期限内办理。纳税人、扣缴义务人因不可抗力因素，不能按期办理纳税申报或者报送代扣代缴、代收代缴税款报告表的，可以延期办理；但是，应当在不可抗力情形消除后立即向税务机关报告。税务机关应当查明事实，予以核准。

（2）纠错重报权：纳税人在汇算清缴期内发现当年企业所得税申报有误的，可在汇算清缴期内重新办理企业所得税年度纳税申报。

（3）结清税款权：纳税人在纳税年度内预缴企业所得税税款少于应缴企业所得税税款的，应在汇算清缴期内结清应补缴的企业所得税税款；预缴税款超过应纳税款的，主管税务机关应及时按有关规定办理退税，或者经纳税人同意后抵缴其下一年度应缴企业所得税税款。

（4）延期缴款权：纳税人因有特殊困难，不能在汇算清缴期内补缴企业所得税款的，应按照税收征管法及其实施细则的有关规定，办理申请延期缴纳税款手续。

纳税人的权利和义务

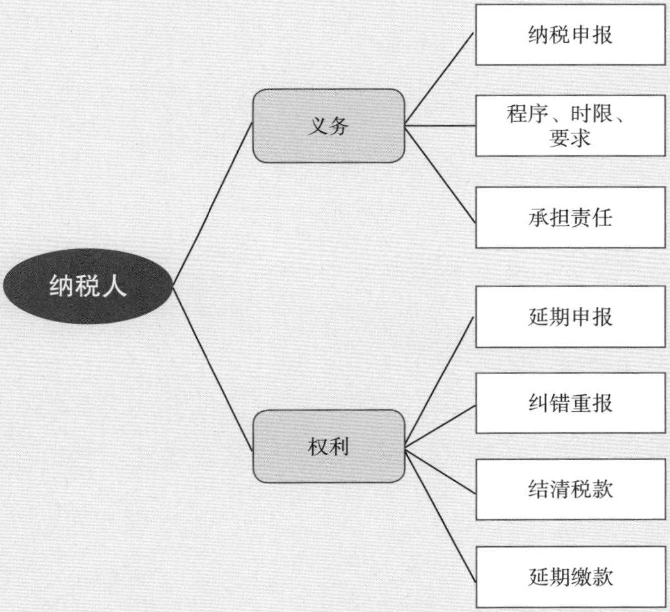

汇总纳税企业所得税的汇算清缴

（1）实行跨地区经营汇总缴纳企业所得税的纳税人，由统一计算应纳税所得额和应纳所得税额的总机构，按照上述规定，在汇算清缴期内向所在地主管税务机关办理企业所得税年度纳税申报，进行汇算清缴。分支机构不进

知识拓展

《中华人民共和国税收征收管理法》及其实施细则规定，纳税人因有特殊困难，不能按期缴纳税款的，经省、自治区、直辖市国家税务局、地方税务局批准，可以延期缴纳税款，但是最长不得超过3个月。所称“特殊困难”是指：第一，因不可抗力因素，导致纳税人发生较大损失，正常生产经营活动受到较大影响的；第二，当期货币资金在扣除应付职工工资、社会保险费后，不足以缴纳税款的。

行汇算清缴，但应将分支机构的营业收支等情况在报总机构统一汇算清缴前报送分支机构所在地主管税务机关。总机构应将分支机构及其所属机构的营业收支纳入总机构汇算清缴等情况报送各分支机构所在地主管税务机关。

（2）经批准实行合并缴纳企业所得税的企业集团，由集团母公司（以下简称汇缴企业）在汇算清缴期内，向汇缴企业所在地主管税务机关报送汇缴企业及各个成员企业合并计算填写的企业所得税年度纳税申报表，以及《管理办法》规定的有关资料及各个成员企业的企业所得税年度纳税申报表，统一办理汇缴企业及其成员企业的企业所得税汇算清缴。

专家提醒

汇缴企业应根据汇算清缴的期限要求，自行确定其成员企业向汇缴企业报送管理办法规定的有关资料的期限。成员企业向汇缴企业报送的上述资料，应经成员企业所在地的主管税务机关审核。

税务年检

纳税人应按照税务公告要求的时间，到主管税务机关办理税务登记验证、换证，或增值税一般纳税人年检。

在办理验证、换证、年检时，纳税人应向主管税务机关提交以下证明及资料：

（1）“税务登记验证（换证）审批表”或“增值税一般纳税人年检申请审批表”；

（2）原税务登记证；

（3）统一代码证书；

（4）个体工商户业主身份证；

（5）营业执照副本。

发现有违章问题，应当对违章纳税人进行处罚，方可办理验证、换证的后续工作。

对增值税一般纳税人在年检中发现的违章问题，在依法对纳税人进行处罚的同时，还应对照有关法律、法规决定是否取消增值税一般纳税人资格。若不取消增值税一般纳税人资格，由年检通知。若该企业为“四无企业”，填写“取消增值税一般纳税人资格审批表”，报经批准后，填写“取消增值税一般纳税人资格通知书”，取消其增值税一般纳税人资格。

若该企业会计核算不健全或不能准确提供税务资料，还应填写“限期健全会计核算通知书”，限期健全会计核算。纳税人在限期内健全会计核算或保证向税务机关提供准确税务资料的，由年检通过；纳税人在限期内不能健全会计核算又不能保证向税务机关提供准确税务资料的，取消其增值税一般纳税人资格。

对于取消增值税一般纳税人资格的，要收回税务登记证副本、发票领簿后重新核发。对于未按期办理税务登记证验证、换证、增值税一般纳税人年检的，经确认属失踪户，应转作非正常户处理。

税务登记验证、换证、增值税一般纳税人年检办理完毕后，应将有关信息录入计算机。

税务年检

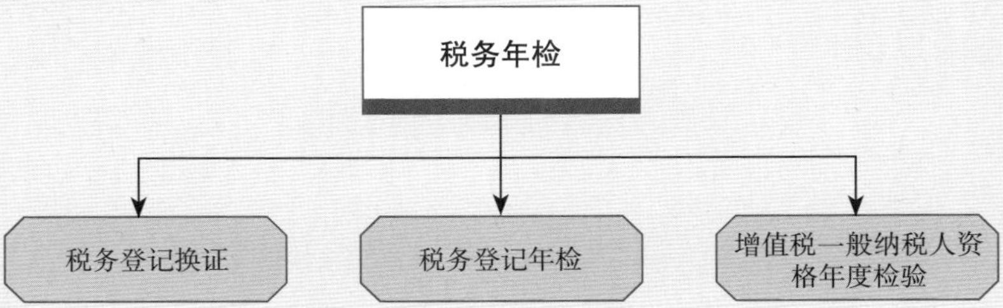

税务登记换证

《中华人民共和国税收征收管理法实施细则》第十九条规定：税务机关对税务登记证件实行定期验证和换证制度。纳税人应当在规定的期限内持有关证件到主管税务机关办理验证或者换证手续。

税务登记换证是指税务机关对已核发的税务登记证照材料实行定期换证制度。纳税人应当在规定的期限内到税务机关办理换证手续。

在办理税务登记换证时，需提供下列有关证照材料、证明和资料：

（1）原税务登记证照材料正副本；

（2）营业执照或事业单位证书、社会团体证书以及其他批准单位设立的证书、文件、证明；技术监督部门核发的全国统一组织机构代码证和 IC 卡；

（3）法定代表人或负责人以及财务负责人、办税人员的身份证照材料、证明；

（4）个体工商户的业主、合伙人员、财务负责人、办税人员、从业人员的身份证明；

（5）基本账户开户行、纳税专户开户行以及其他开户行的证照材料、证明；

（6）验资报告或资金来源证明；

（7）有关合同、章程和协议书；

（8）上级主管部门的批文；

（9）物价部门核发的收费许可证（指行政事业单位）；

（10）分支机构在办理换证时，必须提供总机构的营业执照及税务登记证照材料；

（11）主管税务机关要求提供的其他有关证照材料、证明和资料。

上述证照材料、证明、资料，除税务登记证照材料应提供正副本外，其他证照材料、证明、资料，纳税人应提供副本和复印件各一份，经主管税务机关审核无误后，其他证照材料、证明、资料的副本原件退还纳税人，复印件留存主管税务机关归档。

主管税务机关对纳税人报送的有关证照材料、证明、资料和税务登记表格进行审核，予以换证的一应收回原税务登记证照材料正副本，换发新的税

专家提醒

税务登记证式样改变，需统一换发税务登记证的，由国家税务总局确定。税务登记证件的式样，由国家税务总局制定。

务登记证照材料正副本，同时收取税务登记工本管理费。

纳税人遗失税务登记证照材料时应当书面报告主管税务机关，并在本市的市级报纸上公开申明作废，同时申请补发。

税务登记年检

税务登记年检是指税务机关对已核发的税务登记证件实行定期验证的制度。纳税人应当在税务机关公告要求的期限内办理验证手续。税务登记年检的时间除实行税务登记全面换证年度外每年一次，具体时间和实施意见由主管税务机关决定。

1．年检项目。

（1）检查纳税人的税务登记项目是否与实际情况和工商执照相符，税务登记项目主要包括纳税人名称、纳税人地址、实际生产经营地址、法定代表人、登记注册类型、经营方式、经营范围、经营期限、总机构名称和总机构地址。

（2）检查纳税人税务登记项目发生变更，或者纳税人发生分立、合并，税收征管关系发生变化时，是否及时向税务机关办理变更或注销税务登记。

（3）纳税人是否按规定使用税务登记证照材料。

（4）纳税人遗失税务登记证照材料后是否办理遗失声明，是否及时办理补证手续。

2．年检方法。

（1）税务机关对纳税人税务登记年检采用书面核对和实地检查相结合的办法。

（2）税务登记年检的结果为合格和限期整改。年检结果为合格的，主管税务机关在税务登记证照材料正副本上粘贴年检标志；年检结果为限期整改的，主管税务机关应根据不同情况进行处理，限期整改的日期为自税务机关告知纳税人之日起15日内。

（3）主管税务机关在年检期间采取税务登记项目与纳税人提供的证照材料、证明、资料核对的办法进行年检，同时在年检年度内对部分纳税人采取实地检查的办法检验年检的有效性和真实性。

3．其他事项。

（1）纳税人未在市税务机关或主管税务机关规定的年检时间内申请税务登记年检的，主管税务机关按《中华人民共和国税收征收管理法》及其实施细则等法律、法规的规定予处罚，包括责令改正、罚款。

（2）主管税务机关在纳税人税务登记年检过程中发现应办理税务登记而未办理，应办理变更登记而未办理等情况的，主管税务机关按《中华人民共和国税收征收管理法》及其实施细则等法律、法规的规定，责令限期改正，并予以相应的处罚。

4．年检程序。

（1）纳税人到主管税务机关领取年检表格，并按规定填写。

（2）纳税人将填写好的年检表格送交主管税务机关，并且提供下列有关证件、证明和资料：

①税务登记证件正、副本；

②《税务登记表》；

③营业执照或者其他核准执业证件及工商登记表复印件；

④组织机构统一代码证书复印件；

⑤法定代表人（负责人）或业主、财务负责人以及办税人员的身份证件、证明复印件；

⑥如属分支机构，应提供总机构的税务登记证件副本复印件；

⑦主管税务机关要求提供的其他有关证明、资料。

专家提醒

目前部分省市已经取消税务登记年检，如2004年4月25日，为简化税务登记管理，按照《中华人民共和国税收征收管理法实施细则》及国家税务总局《税务登记管理办法》的有关规定，北京市地税局决定对正常申报的纳税人取消税务登记证的年检。正常申报纳税人的税务登记证取消年检后，税务机关将进一步强化日常监督管理的措施，在各月份、季度纳税申报、购领发票的过程中，核对并完善纳税人的税务登记信息，将税务登记年检融入日常税收管理之中。

（3）主管税务机关对纳税人报送的证件、证明、资料和年检表格进行审核。

（4）外资纳税人的税务登记年检按国家工商局、税务总局、财政部、外汇管理局、海关、外经贸委、经委七个部门联合发文的规定办理。

年检合格的，在税务登记证件正副本上粘贴年检标志（外资纳税人在税务登记证件副本上加盖年检标志并退还纳税人）。年检不合格的，通知纳税人限期整改，并退回有关证件、证明及资料。纳税人在限期内整改合格的，按年检合格办理；纳税人在限期内整改不合格的，主管税务机关依法处理。

5. 一般纳税人年检。

增值税一般纳税人资格年度检验(简称“一般纳税人年检”)，是指国家税务机关按年度对原已认定为“增值税一般纳税人”的纳税人，根据税法及有关规定，对其一般纳税人的资格进行审核，以确定是否保留的制度。

（1）一般纳税人年检应到主管税务机关(进行税务登记的税务机关）办理，并需要提供以下材料。

①国税税务登记证照材料副本；

②年度财务决算报表；

③ 增值税专用发票使用情况表(年度汇总表)；

④主管税务机关要求提供的其他资料(如增值税申报表和上年度年检合格通知书等)。

（2）在每年3月1日或税务机关规定的年检开始之日前已被认定为增值税一般纳税人的纳税人，应在每年的3月1日至5月31日或税务机关规定的时间内参加增值税一般纳税人资格年检。